UMGANG MIT NARZISSMUS

Der vollständige Leitfaden zum Umgang mit Narzissten, Erreichen Sie persönliches Wachstum

TERESIA STEUBE

Umgang mit Narzissmus

Vom Opfer zum Sieger

Der vollständige Leitfaden zum Umgang mit Narzissten, Erreichen Sie persönliches Wachstum

Teresia Steube

Redaktionelle Leiterin: **Trista Clem**

Cover-Design: **Harold Padilla**

Redaktions- und Produktionsdienste: **Marry & Garry Publishers**

Inhalt

Teil 1

Narzisstisches Verhalten verstehen

Willkommen bei "Navigieren im Narzissmus: Vom Opfer zum Sieger". Wenn du dieses Buch in die Hand genommen hast, bist du wahrscheinlich schon einmal auf Narzissmus in deinem Leben gestoßen - vielleicht bei einem Familienmitglied, einem romantischen Partner, einem Chef oder sogar bei dir selbst. Sie sind nicht allein. Die narzisstische Persönlichkeitsstörung (NPD) betrifft einen erheblichen Teil unserer Bevölkerung, wobei Schätzungen darauf hindeuten, dass bis zu 6% der Erwachsenen die Kriterien für diese komplexe und oft missverstandene Erkrankung erfüllen können.

Aber was genau ist eine narzisstische Persönlichkeitsstörung? Im Kern handelt es sich bei NPD um eine psychische Erkrankung, die durch ein übersteigertes Selbstwertgefühl, ein tiefes Bedürfnis nach übermäßiger Aufmerksamkeit und Bewunderung sowie einen Mangel an Empathie für andere gekennzeichnet ist. Menschen mit NPD haben oft schwierige Beziehungen und können aufgrund ihres verzerrten Selbstbildes und ihrer Schwierigkeiten in der Beziehung zu anderen in verschiedenen Aspekten ihres Lebens zu kämpfen haben. Es ist wichtig zu beachten, dass NPD in einem Spektrum existiert, wobei einige Personen mildere Symptome zeigen, während andere schwerere Manifestationen der Störung zeigen.

Jetzt fragst du dich vielleicht: Ist ein bisschen Selbstliebe nicht eine gute Sache? Absolut! Dies bringt uns zu einer wichtigen Unterscheidung - dem Unterschied zwischen gesundem Selbstwertgefühl und narzisstischer Persönlichkeitsstörung. Zu einem gesunden Selbstwertgefühl gehört eine realistische Einschätzung des eigenen Wertes und der eigenen Fähigkeiten. Es ermöglicht Selbstreflexion, Empathie gegenüber anderen und die Fähigkeit, sinnvolle Beziehungen aufzubauen. Im Gegensatz dazu haben Menschen mit NPD ein übertriebenes Selbstwertgefühl, das über ein gesundes

Selbstvertrauen hinausgeht. Sie glauben vielleicht, dass sie anderen überlegen sind, erwarten ständiges Lob und Bewunderung und haben Schwierigkeiten, die Gefühle und Bedürfnisse ihrer Mitmenschen zu erkennen oder zu bestätigen.

Also, wie entwickelt jemand eine narzisstische Persönlichkeitsstörung? Die Wahrheit ist, dass es keine einzige, eindeutige Ursache gibt. Wie viele psychische Erkrankungen resultiert NPD wahrscheinlich aus einem komplexen Zusammenspiel von genetischen, umweltbedingten und psychologischen Faktoren. Einige Forscher glauben, dass bestimmte Kindheitserfahrungen zur Entwicklung von NPD beitragen können. Dazu gehören übermäßiges Lob oder Kritik von den Eltern, Vernachlässigung oder Missbrauch oder inkonsequente Betreuung, die dazu führt, dass sich ein Kind entweder übermäßig berechtigt oder zutiefst unsicher fühlt.

Zu den weiteren potenziellen Risikofaktoren gehören bestimmte Persönlichkeitsmerkmale, wie z. B. die Sensibilität für Kritik oder die Neigung zu grandiosem Denken, die manche Menschen anfälliger für die Entwicklung einer NPD machen können. Darüber hinaus können kulturelle Faktoren, die individuelle Leistung und Erfolg über gemeinschaftliche Werte stellen, eine Rolle bei der Förderung narzisstischer Züge spielen.

Es ist wichtig zu verstehen, dass narzisstische Züge nicht automatisch bedeuten, dass jemand NPS hat. Wir alle haben Momente der Selbstbezogenheit oder des Wunsches nach Bewunderung. Der Hauptunterschied liegt in der Persistenz, Verbreitung und Intensität dieser Eigenschaften sowie in dem Ausmaß, in dem sie die Fähigkeit einer Person beeinträchtigen, im täglichen Leben zu funktionieren und gesunde Beziehungen aufrechtzuerhalten.

In diesem Buch werden wir tiefer in die Feinheiten der narzisstischen Persönlichkeitsstörung eintauchen und ihre Auswirkungen sowohl auf diejenigen, die sie haben, als auch auf diejenigen, die mit ihnen interagieren, untersuchen. Wir besprechen Strategien für den Umgang mit narzisstischem Verhalten, das Setzen gesunder Grenzen und die Förderung des persönlichen Wachstums - egal ob du es mit einem Narzissten in deinem Leben zu tun hast oder an narzisstischen Tendenzen in dir selbst arbeitest.

Denken Sie daran, Wissen ist Macht. Indem du NPD, ihre Ursachen und ihre Auswirkungen verstehst, machst du den ersten Schritt, um deine Macht zurückzugewinnen und einen Weg nach vorne zu finden. Egal, ob Sie ein Überlebender von narzisstischem Missbrauch sind, jemand sind, der mit narzisstischen Zügen zu kämpfen hat oder einfach nur versucht, diese komplexe Störung besser zu verstehen, dieses Buch ist hier, um Sie auf Ihrem Weg vom Opfer zum Sieger zu begleiten. Beginnen wir also diese Erkundung gemeinsam, mit Mitgefühl, Mut und Hoffnung auf positive Veränderung.

Eigenschaften und Eigenschaften von Narzissten

Beziehungen mit Narzissten zu führen, kann aufgrund ihrer ausgeprägten und oft störenden Eigenschaften eine unglaubliche Herausforderung sein. Diese Personen zeigen eine Reihe von Verhaltensweisen, die tief in ihrer Persönlichkeit verwurzelt sind und sich darauf auswirken, wie sie mit anderen interagieren und sich selbst wahrnehmen. Das Verständnis dieser Eigenschaften ist entscheidend für jeden, der versucht, mit einer narzisstischen Persönlichkeitsstörung fertig zu werden, sei es in sich selbst oder im Umgang mit anderen.

Ein Kennzeichen von Narzissmus ist **Grandiosität.** Narzissten glauben oft, dass sie anderen überlegen sind und über einzigartige Talente oder Einsichten verfügen, die sie von anderen abheben. Dieses Gefühl der Überlegenheit kann zu einem aufgeblasenen Selbstbild führen, bei dem sie eine Sonderbehandlung und Bewunderung erwarten, ohne sie verdient zu haben. Sie suchen vielleicht ständig nach Bestätigung und Lob und brauchen andere, um ihr Selbstwertgefühl zu stärken. Bei dieser Grandiosität geht es nicht nur um Eitelkeit; Es ist ein zentraler Bestandteil ihrer Identität, der einen Großteil ihres Verhaltens bestimmt.

Neben der Grandiosität gibt es ein starkes Anspruchsdenken. Narzissten glauben, dass sie mehr verdienen als andere – mehr Respekt, mehr Ressourcen, mehr Möglichkeiten. Dieser Anspruch kann sich auf verschiedene Weise manifestieren, z. B. indem man sich in die Reihe einreiht, Gefälligkeiten ohne Gegenleistung erwartet oder ständige Aufmerksamkeit von seinen Mitmenschen verlangt. Sie gehen davon aus, dass ihre Bedürfnisse und Wünsche Vorrang vor denen anderer haben sollten, und missachten oft soziale Normen und Erwartungen.

Ein **Mangel an Empathie** ist eine weitere wichtige Eigenschaft von Narzissten. Sie haben Schwierigkeiten, die Gefühle und Perspektiven anderer zu verstehen oder wertzuschätzen. Das bedeutet nicht, dass sie völlig frei von Empathie sind, sondern vielmehr, dass ihre Fähigkeit zur Empathie erheblich beeinträchtigt ist. Sie täuschen vielleicht Besorgnis vor, wenn es ihren Interessen dient, aber es fehlt oft an echter emotionaler Bindung. Dieser Mangel an Empathie kann die Beziehung zu Narzissten besonders belastend machen, da sie dazu neigen, ihre Bedürfnisse zu priorisieren und die Emotionen der Menschen um sie herum abzulehnen oder zu entkräften.

Narzissten sind auch geschickt in **Manipulation und Ausbeutung.** Sie nutzen oft Charme, Schmeichelei und Täuschung, um ihre Ziele zu erreichen. Diese Manipulation kann subtil oder offen sein, aber sie dient immer dazu, ihr Gefühl von Kontrolle und Macht zu stärken. In Beziehungen können sie Taktiken wie Gaslighting anwenden, bei denen sie andere dazu bringen, ihre Realität und ihren Verstand in Frage zu stellen, um ihre Dominanz aufrechtzuerhalten. Sie nutzen die Verletzlichkeit anderer aus und nutzen emotionale Manipulation, um sie abhängig und gefügig zu halten.

In verschiedenen Kontexten kann narzisstisches Verhalten verschiedene Formen annehmen. In **persönlichen Beziehungen** kann es sein, dass ein Narzisst seinen Partner anfangs mit Zuneigung und Aufmerksamkeit überschüttet, nur um dann kontrollierend und missbräuchlich zu werden, wenn er sich in der Beziehung sicher fühlt. Sie können ihren Partner von Freunden und Familie isolieren und so eine Dynamik schaffen, in der sich ihr Partner zunehmend von ihnen abhängig fühlt. Am **Arbeitsplatz** streben Narzissten oft nach Macht- und Prestigepositionen. Sie können Kollegen untergraben, die Arbeit anderer für sich in Anspruch nehmen und Vorgesetzte manipulieren, um die Karriereleiter zu erklimmen. Ihr Mangel an Empathie und ethischen Grenzen kann zu toxischen Arbeitsumgebungen führen, in denen Zusammenarbeit und Vertrauen untergraben werden.

In der **Politik** können Narzissten besonders gefährlich sein. Ihr Charisma und ihr Selbstvertrauen können Anhänger anziehen, aber ihre Entscheidungen sind oft eher vom persönlichen Vorteil als vom Gemeinwohl bestimmt. Sie können die öffentliche Meinung manipulieren, spaltende Themen ausnutzen und demokratische Institutionen untergraben, um an ihrer Macht zu bleiben.

Historische und zeitgenössische Beispiele gibt es zuhauf, in denen Führungskräfte mit narzisstischen Zügen durch ihre eigennützige Politik und ihr Handeln erheblichen Schaden angerichtet haben.

Das Verständnis dieser Eigenschaften und Verhaltensweisen ist der erste Schritt zur Bewältigung der narzisstischen Persönlichkeitsstörung. Egal, ob Sie es in Ihrem Privatleben, im beruflichen Umfeld oder in der Öffentlichkeit mit einem Narzissten zu tun haben, das Erkennen dieser Muster kann Ihnen helfen, sich selbst zu schützen und diese herausfordernden Interaktionen effektiver zu bewältigen. Denke daran, dass du einen Narzissten zwar nicht ändern kannst, aber du kannst ändern, wie du auf ihn reagierst und deine Beziehung zu ihm umgehst, indem du dich von einem Ort der Opferrolle zu einem Ort der Ermächtigung und Kontrolle bewegst.

Arten von Narzissten (klassisch, kompensatorisch, elitär, bösartig)

Das Verständnis der verschiedenen Arten von Narzissten kann entscheidend sein, um narzisstisches Verhalten bei dir selbst zu erkennen und Beziehungen zu anderen zu führen, die diese

Eigenschaften aufweisen. Lassen Sie uns in die unterschiedlichen Merkmale, Wechselwirkungen und potenziellen Auswirkungen von vier Haupttypen von Narzissten eintauchen: Klassisch, kompensatorisch, elitär und bösartig.

Klassischer Narzisst

Ein klassischer Narzisst, der oft als grandioser Narzisst bezeichnet wird, ist das, woran die meisten Menschen denken, wenn sie den Begriff "Narzisst" hören. Diese Personen zeichnen sich durch ihr übersteigertes Selbstwertgefühl, ein tiefes Bedürfnis nach übermäßiger Aufmerksamkeit und Bewunderung sowie einen Mangel an Empathie für andere aus. Sie prahlen oft mit ihren Errungenschaften und erwarten, als überlegen anerkannt zu werden, ohne dass dies durch wesentliche Leistungen untermauert wird.

Klassische Narzissten interagieren mit anderen auf eine Weise, die eine ständige Bestätigung erfordert. Sie dominieren möglicherweise Gespräche, unterbrechen andere, um über sich selbst zu sprechen, und zeigen wenig Interesse an dem, was andere zu sagen haben. In Beziehungen können sie anfangs charmant sein und Menschen mit ihrem Charisma und Selbstvertrauen in ihren Bann ziehen. Im Laufe der Zeit führen ihre

Selbstbezogenheit und ihre Unfähigkeit, die Bedürfnisse ihres Partners zu berücksichtigen, jedoch oft zu angespannten Beziehungen.

Nehmen wir zum Beispiel John, einen erfolgreichen Geschäftsmann, der immer über seine Errungenschaften spricht und erwartet, dass alle ihn bewundern. Er liebt es, auf Partys im Mittelpunkt zu stehen und lehnt die Meinungen anderer ab. Seine Frau Mary fand sein Selbstvertrauen anfangs attraktiv, aber im Laufe der Zeit fühlte sie sich zunehmend vernachlässigt und unwichtig in der Beziehung.

Kompensatorischer Narzisst

Kompensatorische Narzissten entwickeln ihre narzisstischen Züge als Abwehrmechanismus, um mit Gefühlen der Unsicherheit und Unzulänglichkeit fertig zu werden. Sie schaffen oft ein falsches Selbstbild, um tiefsitzende Minderwertigkeitsgefühle zu kompensieren. Im Gegensatz zu klassischen Narzissten zeigen sie nach außen hin keine Arroganz, sondern suchen Bewunderung auf indirektem Wege.

Diese Personen könnten Geschichten über ihre Errungenschaften erfinden oder ihre Fähigkeiten übertreiben, um Bestätigung zu erhalten. Sie zeigen oft Verhaltensweisen, die darauf abzielen, ihr fragiles Selbstwertgefühl zu stärken, wie z. B. andere herabzusetzen oder ständige Bestätigung zu suchen.

In Beziehungen können kompensatorische Narzissten überempfindlich auf Kritik reagieren und defensiv auf wahrgenommene Kränkungen reagieren. Sie können auch zwischen Grandiosität und Selbstmitleid schwanken, was es für ihre Partner schwierig macht, ihren wahren emotionalen Zustand zu verstehen.

Denken Sie an Sarah, die sich in ihrem Job oft unzulänglich fühlt. Um damit fertig zu werden, spricht sie ständig über ihre "tollen" Projekte und spielt die Beiträge anderer herunter. Sie sehnt sich nach Bestätigung durch ihre Kollegen und reagiert schlecht auf jede Form von Kritik, oft schlägt sie um sich oder zieht sich emotional zurück.

Elitärer Narzisst

Elitäre Narzissten glauben, dass sie einzigartig und anderen überlegen sind, oft aufgrund ihrer Intelligenz, ihres sozialen Status oder ihrer besonderen Talente. Sie suchen nach Umgebungen und Beziehungen, die ihr Gefühl der Überlegenheit verstärken, und neigen dazu, auf diejenigen herabzublicken, die sie für weniger begabt oder versiert halten.

Diese Personen verkehren möglicherweise nur mit Menschen, die sie als gleichwertig oder überlegen wahrnehmen, und lehnen oft diejenigen ab oder herabsetzen, die sie als unter ihnen stehend ansehen. Ihre Interaktionen sind in der Regel herablassend, und sie schöpfen ein Gefühl des Selbstwertgefühls daraus, dass sie sich anderen überlegen fühlen.

In Beziehungen können elitäre Narzissten abweisend und distanziert sein. Sie könnten Schwierigkeiten haben, echte Verbindungen aufzubauen, weil sie die meisten Menschen als unwürdig ihrer Zeit und Aufmerksamkeit ansehen.

Nehmen wir Michael, einen sehr erfolgreichen Chirurgen, der glaubt, dass sein Beruf ihn anderen überlegen macht. Er tut die Sorgen seiner Frau über ihr Privatleben oft ab und betrachtet sie im Vergleich zu seiner Arbeit als trivial. Seine herablassende Haltung schafft eine Barriere in ihrer Beziehung und lässt seine Frau sich unterschätzt und isoliert fühlen.

Bösartiger Narzisst

Bösartige Narzissten sind die zerstörerischste und gefährlichste Art von Narzissten. Sie weisen nicht nur klassische narzisstische Züge auf, sondern weisen auch eine starke Komponente von Aggression und

Sadismus auf. Diese Personen haben Freude daran, andere zu manipulieren und zu schädigen, und zeigen oft betrügerische, ausbeuterische und sogar missbräuchliche Verhaltensweisen.

Bösartige Narzissten interagieren mit anderen auf höchst toxische Weise. Sie könnten bezaubern und manipulieren, um zu bekommen, was sie wollen, und dabei eine völlige Missachtung des Wohlergehens anderer zeigen. Ihre Beziehungen sind geprägt von Kontrolle, Zwang und mangelnder Empathie.

In Beziehungen können sie sowohl emotional als auch körperlich extrem missbräuchlich sein. Sie nutzen Taktiken wie Gaslighting, Einschüchterung und glatte Lügen, um Macht und Kontrolle über ihre Opfer zu erhalten.
Zum Beispiel ist Robert ein bösartiger Narzisst, der seine Freundin Emily manipuliert. Er isoliert sie von Freunden und Familie, macht sie ständig klein und schüchtert sie ein, um sie unter seiner Kontrolle zu halten. Emily fühlt sich gefangen und ängstlich, als Roberts Verhalten immer unberechenbarer und gefährlicher wird.

Diese verschiedenen Arten von Narzissten zu kennen, ist entscheidend für die Entwicklung effektiver Bewältigungsstrategien, egal ob du es mit narzisstischen Zügen in dir selbst zu tun hast oder

Beziehungen zu narzisstischen Personen führst. Indem Sie diese Muster erkennen, können Sie Ihr Wohlbefinden besser schützen und gesündere, unterstützende Beziehungen suchen.

Narzisstisches Angebot und das Bedürfnis nach Bestätigung

Wenn wir in die Welt des Narzissmus eintauchen, ist ein wichtiges Konzept, das wir verstehen müssen, das des "narzisstischen Angebots". Dieser Begriff bezieht sich auf die Aufmerksamkeit, Bewunderung und Bestätigung, die Menschen mit narzisstischer Persönlichkeitsstörung (NPD) von anderen suchen, um ihr Selbstwertgefühl zu stärken und ihr grandioses Selbstbild zu bestätigen. Im Kern ist die narzisstische Versorgung so etwas wie ein Rettungsanker für Narzissten, der ihr unstillbares Bedürfnis nach äußerer Bestätigung stillt. Ohne diesen ständigen Zustrom von Bewunderung und Aufmerksamkeit kann ihr zerbrechliches Selbstwertgefühl zerbröckeln, was zu Gefühlen der Wertlosigkeit und tiefen Unsicherheit führt.

Das Verlangen von Narzissten nach Bestätigung wurzelt in einem instabilen Selbstkonzept. Trotz ihres äußeren Selbstvertrauens und ihrer Angeberei haben Narzissten oft mit einem unterschwelligen Gefühl der Unzulänglichkeit und Verletzlichkeit zu kämpfen. Um diese innere Leere zu kompensieren, suchen sie nach externen Quellen der Bestätigung, um ihren Selbstwert zu bekräftigen. Diese Bestätigung wirkt als Puffer gegen ihre tief sitzenden Ängste vor Unzulänglichkeit und Bedeutungslosigkeit und ermöglicht es ihnen, ihr aufgeblasenes Selbstbild aufrechtzuerhalten.

Narzissten wenden verschiedene Strategien an, um ihren dringend benötigten Vorrat zu erhalten, und Beziehungen sind eines ihrer primären Jagdgründe. Romantische Partner, Freunde und sogar Familienmitglieder können zur Zielscheibe ihres Bedürfnisses nach Bestätigung werden. In romantischen Beziehungen zum Beispiel kann ein Narzisst seinen Partner anfangs mit Zuneigung und Aufmerksamkeit überschütten, was zu einer stürmischen Romanze führt, die dem Partner das Gefühl gibt, etwas Besonderes und Geschätztes zu sein. Dieser intensive Fokus wird jedoch nicht von echter Liebe oder Interesse angetrieben, sondern von dem Bedürfnis des Narzissten nach ständiger Bestätigung. Sobald die anfängliche Aufregung nachlässt, kann der Narzisst beginnen, seinen Partner abzuwerten und sich anderswo nach neuen Versorgungsquellen umzusehen.

Social-Media-Plattformen sind zu einem modernen Zufluchtsort für Narzissten geworden, um Bestätigung zu erhalten. Die sofortige Befriedigung von Likes, Kommentaren und Shares sorgt für einen stetigen Strom narzisstischer Versorgung. Narzissten kuratieren ihre Online-Personas sorgfältig, um ein Bild von Erfolg, Schönheit und Überlegenheit zu projizieren. Sie leben von der positiven Verstärkung durch ihre Follower, die ihr Bedürfnis nach externer Bestätigung vorübergehend stillt. Diese Bestätigung ist jedoch nur von kurzer Dauer und erfordert, dass sie ständig nach neuen Wegen suchen, um ihre Online-Präsenz und die damit verbundene Bewunderung aufrechtzuerhalten.

Eine Versorgungsquelle für einen Narzissten zu sein, kann erhebliche und oft nachteilige Folgen haben. Anfangs fühlen sich Individuen vielleicht geschmeichelt von der Aufmerksamkeit und Bewunderung, die ihnen der Narzisst schenkt. Im Laufe der Beziehung können sie sich jedoch zunehmend manipuliert und kontrolliert fühlen. Narzissten sind geschickt darin, die Verletzlichkeiten und Unsicherheiten anderer auszunutzen, um ihre Versorgung aufrechtzuerhalten. Sie können Taktiken wie Gaslighting, emotionale Manipulation und Schuldgefühle anwenden, um ihre Bezugsquellen abhängig und gefügig zu halten.

Im Laufe der Zeit kann das ständige Bedürfnis, den Narzissten zu bestätigen und zu bestätigen, das Wohlbefinden der Beteiligten beeinträchtigen. Individuen können ein vermindertes Selbstwertgefühl, erhöhte Angstzustände und emotionale Erschöpfung erleben. Das unermüdliche Streben des Narzissten nach Bestätigung kann ein Umfeld schaffen, in dem die Bedürfnisse und Gefühle anderer konsequent missachtet werden, was zu einem Gefühl der Isolation und Abwertung führt. Diese Muster zu erkennen und Grenzen zu setzen, ist entscheidend für diejenigen, die in Beziehungen mit Narzissten verstrickt sind.

Indem wir die zugrunde liegenden Motivationen erkennen, die ihr Verhalten antreiben, können wir uns besser davor schützen, unwissentlich zu Versorgungsquellen zu werden. Feste Grenzen zu setzen, Unterstützung von vertrauenswürdigen Personen zu suchen und Selbstfürsorge in den Vordergrund zu stellen, sind wichtige Schritte, um sich aus dem Teufelskreis der narzisstischen Bestätigung zu befreien. Letztendlich ist die Förderung eines starken Selbstwertgefühls, das unabhängig von externer Bestätigung ist, der Schlüssel, um unsere Autonomie und unser emotionales Wohlbefinden zurückzugewinnen.

Die narzisstische Eltern-Kind-Dynamik

Die narzisstische Eltern-Kind-Dynamik ist ein tiefgründiges und oft schmerzhaftes Thema, das den Kern von Familienbeziehungen berührt. Das Verständnis dieser Dynamik ist essentiell für diejenigen, die sie erlebt haben, sei es direkt oder durch Beobachtung. Narzisstische Eltern, die oft von einem unnachgiebigen Bedürfnis nach Bewunderung und Kontrolle angetrieben werden, können die Entwicklung und das Wohlbefinden ihrer Kinder tiefgreifend beeinflussen.

Von klein auf sind Kinder narzisstischer Eltern einer einzigartigen Reihe von Herausforderungen ausgesetzt. Diese Eltern betrachten ihre Kinder in der Regel nicht als Individuen mit ihren eigenen Bedürfnissen und Wünschen, sondern als Erweiterungen ihrer selbst. Diese Perspektive kann zu einer Reihe von nachteiligen Auswirkungen auf die Entwicklung des Kindes führen. Zum einen kann das Kind mit Fragen des Selbstwertgefühls und der Identität zu kämpfen haben, da seine Leistungen und Misserfolge oft nicht durch seine eigenen Verdienste, sondern als Reflexion über die Eltern gesehen werden. Lob und

Zuneigung sind in der Regel an Bedingungen geknüpft, die darauf basieren, dass das Kind die oft unrealistischen Erwartungen der Eltern erfüllt. Diese bedingte Liebe kann eine tief sitzende Angst vor dem Versagen und ein unstillbares Bedürfnis nach Anerkennung erzeugen, was sich auf das Selbstwertgefühl und das Sicherheitsgefühl des Kindes auswirkt.

Darüber hinaus kann das emotionale Umfeld in einem Haushalt, der von einem narzisstischen Elternteil geführt wird, äußerst instabil sein. Narzisstische Eltern neigen dazu, sehr reaktiv zu sein und schwanken oft zwischen überheblichem Engagement und kalter Distanziertheit. Diese Unberechenbarkeit zwingt Kinder dazu, hyperwachsam zu werden und ständig nach Anzeichen von Zustimmung oder Ablehnung zu suchen. Die Folge ist ein chronischer Angstzustand, da das Kind nie sicher sein kann, was eine negative Reaktion auslöst. Diese ständigen emotionalen Turbulenzen können die Entwicklung eines gesunden Selbstwertgefühls behindern und die Fähigkeit des Kindes beeinträchtigen, in Zukunft sichere, vertrauensvolle Beziehungen aufzubauen.

Häufige Muster und Verhaltensweisen narzisstischer Eltern sind in der Regel durch einige unterschiedliche Merkmale gekennzeichnet. Diese

Eltern zeigen oft ein Gefühl des Anspruchs und der Überlegenheit und glauben, dass sie eine besondere Behandlung und unerschütterliche Bewunderung verdienen. Sie können Gespräche monopolisieren, die Gefühle und Meinungen anderer abtun oder herabsetzen und ein unerbittliches Bedürfnis haben, im Mittelpunkt der Aufmerksamkeit zu stehen. Ein weiteres weit verbreitetes Verhalten ist Gaslighting, bei dem der narzisstische Elternteil Situationen manipuliert, um das Kind dazu zu bringen, seine eigene Realität und seinen Verstand in Frage zu stellen. Diese psychologische Manipulation kann bleibende Narben hinterlassen, die es dem Kind schwer machen, seinen eigenen Wahrnehmungen und Urteilen zu vertrauen.

Narzisstische Eltern neigen auch dazu, sich auf Projektionen einzulassen und ihre Kinder genau der Verhaltensweisen und Fehler zu beschuldigen, die sie selbst zeigen. Zum Beispiel könnte ein narzisstischer Elternteil sein Kind als egoistisch oder undankbar bezeichnen, obwohl dies Eigenschaften sind, die es häufig zeigt. Diese Projektion verwirrt das Kind, das diese Vorwürfe verinnerlichen und ein verzerrtes Selbstbild entwickeln kann. Darüber hinaus nutzen diese Eltern oft Schuld und Scham als Instrumente der Kontrolle und manipulieren ihre Kinder zur Nachgiebigkeit und Unterwerfung. Das übergeordnete Thema ist eines von Kontrolle und Dominanz, bei dem die Individualität des Kindes unterdrückt wird, um das aufgeblasene Selbstbild der Eltern aufrechtzuerhalten.

Für erwachsene Kinder narzisstischer Eltern ist die Bewältigung und Heilung eine herausfordernde, aber erreichbare Reise. Der erste Schritt besteht darin, die Auswirkungen des narzisstischen Elternteils auf ihr Leben zu erkennen und anzuerkennen. Dieses Bewusstsein ist von entscheidender Bedeutung, da es den Grundstein für Heilung und Wachstum legt. Zu verstehen, dass ihre Kämpfe mit Selbstwertgefühl, Beziehungen und Identität von ihrer Erziehung herrühren, kann befreiend sein und ihnen helfen, unangebrachte Schuld und Scham abzulegen.

Das Setzen von Grenzen ist ein weiterer wesentlicher Aspekt der Bewältigung. Narzisstische Eltern nehmen oft wenig Rücksicht auf persönliche Grenzen, so dass das Setzen und Durchsetzen dieser Grenzen ein mächtiger Schritt zur Wiedererlangung von Autonomie sein kann. Dabei kann es darum gehen, den Kontakt einzuschränken, persönliche Grenzen klar zu kommunizieren oder in einigen Fällen die Bindung ganz abzubrechen. Es ist wichtig, sich daran zu erinnern, dass das Setzen von Grenzen eine Form der Selbstfürsorge ist und kein Akt des Egoismus oder der Rebellion.

Auch die Suche nach professioneller Hilfe kann von großem Nutzen sein. Therapeuten, die sich auf narzisstischen Missbrauch spezialisiert haben, können wertvolle Erkenntnisse und Bewältigungsstrategien liefern. Eine Therapie kann Menschen helfen, ihre Emotionen zu verarbeiten, gesunde Bewältigungsmechanismen zu entwickeln und das von ihren Eltern zugefügte Trauma zu verarbeiten. Selbsthilfegruppen, ob persönlich oder online, können auch ein Gefühl der Gemeinschaft und des Verständnisses vermitteln und den Einzelnen daran erinnern, dass er mit seinen Erfahrungen nicht allein ist.

Schließlich ist die Förderung von Selbstmitgefühl und Selbstfürsorge entscheidend für die Heilung. Das Aufwachsen mit einem narzisstischen Elternteil hinterlässt oft tiefe emotionale Wunden, und zu lernen, sich selbst mit Freundlichkeit und Verständnis zu behandeln, kann ein wirksames Gegenmittel sein. Die Teilnahme an Aktivitäten, die die Selbstfindung und den Selbstausdruck fördern, wie z. B. Tagebuchschreiben, Kunst oder körperliche Bewegung, kann dazu beitragen, ein Gefühl der

Identität und des Selbstwertgefühls wiederherzustellen.

Es ist zweifellos eine Herausforderung, sich in den Nachwirkungen einer narzisstischen Eltern-Kind-Dynamik zurechtzufinden, aber es ist möglich, vom Opfer zum Sieger zu werden. Mit Bewusstsein, Grenzen, professioneller Unterstützung und Selbstmitgefühl können Menschen von der Vergangenheit heilen und ein gesünderes, erfülltes Leben aufbauen.

Teil 2

Emotionale Intelligenz und Selbstwahrnehmung

Das Verständnis der emotionalen Intelligenz (EQ) ist von entscheidender Bedeutung, insbesondere wenn es um komplexe Beziehungen geht, einschließlich solcher, die von einer narzisstischen Persönlichkeitsstörung betroffen sind. Emotionale Intelligenz, oft als EQ abgekürzt, bezieht sich auf die Fähigkeit, unsere eigenen Emotionen sowie die Emotionen anderer zu erkennen, zu verstehen und zu bewältigen. Es geht darum, im Einklang mit seinen Gefühlen zu sein, die Fähigkeit zu haben, diese Emotionen konstruktiv zu nutzen und soziale Komplexitäten mit Empathie und Anmut zu bewältigen. Diese Fähigkeit ist besonders wichtig, wenn wir mit narzisstischen Verhaltensweisen umgehen, entweder bei uns selbst oder bei anderen, da sie uns helfen, unsere eigene emotionale Gesundheit zu erhalten und effektiver zu interagieren.

Die Bedeutung der emotionalen Intelligenz kann nicht hoch genug eingeschätzt werden. In unserem persönlichen und beruflichen Leben ermöglicht uns ein hoher EQ, stärkere Beziehungen aufzubauen, Stress abzubauen, Konflikte zu entschärfen und die allgemeine Lebenszufriedenheit zu verbessern. Im Gegensatz zum IQ, der kognitive Fähigkeiten misst, konzentriert sich der EQ auf emotionale und soziale Kompetenzen. Diese Fähigkeiten sind unerlässlich, um uns zu helfen, angemessen auf verschiedene Situationen zu reagieren, insbesondere auf solche, die emotional aufgeladen oder herausfordernd sind. Wenn wir zum Beispiel mit jemandem zu tun haben, der narzisstische Neigungen hat, kann uns ein hoher EQ helfen, ruhig zu bleiben, Grenzen zu setzen und unser eigenes Wohlbefinden zu schützen.

Im Mittelpunkt der emotionalen Intelligenz stehen fünf Kernkomponenten: Selbstbewusstsein, Selbstregulation, Motivation, Empathie und soziale Kompetenzen. Selbstwahrnehmung ist die Fähigkeit, die eigenen Emotionen zu erkennen und zu verstehen. Es geht darum, unsere Stärken, Schwächen und Auslöser zu kennen. Dieses Bewusstsein ist die Grundlage der emotionalen Intelligenz, da es uns hilft, fundierte Entscheidungen darüber zu treffen, wie wir auf verschiedene Situationen reagieren. Selbstregulierung hingegen ist die Fähigkeit, störende Emotionen und Impulse zu kontrollieren oder umzuleiten. Es geht darum, zu denken, bevor man handelt, und unter Druck gelassen zu bleiben.

Bei der Motivation im Rahmen des EQ geht es nicht nur um externe Belohnungen, sondern auch um unseren inneren Antrieb, Ziele für die persönliche Zufriedenheit zu erreichen. Es geht darum, auch bei Rückschlägen engagiert und optimistisch zu bleiben. Empathie, eine entscheidende Komponente, ist die Fähigkeit, die Gefühle anderer zu verstehen und zu teilen. Diese Fähigkeit ist besonders wichtig im Umgang mit narzisstischen Menschen, da sie es uns ermöglicht, ihren emotionalen Zustand wahrzunehmen und auf eine Weise zu reagieren, die sowohl mitfühlend als auch durchsetzungsfähig ist. Zu den sozialen Fähigkeiten gehört schließlich das Beziehungsmanagement, um Menschen in die gewünschte Richtung zu bewegen, sei es beim Führen, Verhandeln oder bei der Arbeit als Teil eines Teams. Effektive soziale Kompetenzen helfen uns, klar zu kommunizieren, Konflikte zu lösen und ein positives soziales Umfeld zu fördern.

Die Entwicklung und Verbesserung der emotionalen Intelligenz ist eine Reise, die kontinuierliche Selbstreflexion und Übung erfordert. Es beginnt mit der Verbesserung der Selbstwahrnehmung durch Aktivitäten wie Achtsamkeit und Tagebuchschreiben, die uns helfen, uns besser auf unsere Emotionen einzustimmen. Die Selbstregulation kann durch die Entwicklung von Stressbewältigungstechniken wie tiefem Atmen und Meditation verbessert werden, die uns helfen, in herausfordernden Situationen die Kontrolle zu behalten. Um die Motivation zu steigern, ist es wichtig, sich persönliche Ziele zu setzen und uns an die intrinsischen Belohnungen zu erinnern, die sich aus dem Erreichen dieser Ziele ergeben.

Empathie kann kultiviert werden, indem man anderen aktiv zuhört und versucht, Situationen aus ihrer Perspektive zu sehen. Gespräche mit einem echten Interesse am Verständnis der Erfahrungen anderer können unsere empathischen Fähigkeiten erheblich verbessern. Zur Verbesserung der sozialen Kompetenzen gehört es, klare und effektive Kommunikation zu üben, zu lernen, Konflikte konstruktiv zu bewältigen und stärkere Beziehungen durch Vertrauen und Zusammenarbeit aufzubauen.

Indem wir diese Komponenten der emotionalen Intelligenz fördern, rüsten wir uns mit den Werkzeugen aus, die wir brauchen, um mit narzisstischer Persönlichkeitsstörung fertig zu werden, egal ob wir sie bei uns selbst oder bei anderen antreffen. Mit einem höheren EQ können wir diese herausfordernde Dynamik effektiver steuern, unser emotionales Gleichgewicht aufrechterhalten und gesündere Interaktionen fördern. Dieser Weg zur emotionalen Intelligenz fördert nicht nur unser persönliches Wachstum, sondern bereichert auch unsere Beziehungen und unsere allgemeine Lebensqualität.

Entwicklung von Selbstbewusstsein und Empathie

Das Verständnis und die Pflege von Selbstbewusstsein und Empathie sind wesentliche Fähigkeiten für die Aufrechterhaltung gesunder Beziehungen, insbesondere im Umgang mit Menschen mit narzisstischer Persönlichkeitsstörung (NPD). Selbsterkenntnis ermöglicht es uns, unsere eigenen Emotionen, Auslöser und Verhaltensweisen zu erkennen, und bietet so eine Grundlage für Wachstum und Veränderung. Empathie hingegen ermöglicht es uns, die Gefühle anderer zu verstehen und zu teilen, was Verbundenheit und Mitgefühl fördert. Zusammen bilden diese Fähigkeiten das Fundament für sinnvolle Interaktionen und können besonders vorteilhaft sein, wenn es darum geht, sich in der Komplexität von Beziehungen mit Narzissten zurechtzufinden.

Selbsterkenntnis ist von entscheidender Bedeutung, weil sie uns hilft, uns selbst klar zu sehen, unsere Motivationen zu verstehen und zu erkennen, wie sich unser Verhalten auf andere auswirkt. Indem wir uns unserer eigenen Emotionen und Reaktionen bewusst sind, können wir bewusste Entscheidungen darüber treffen, wie wir reagieren, anstatt uns von unbewussten Mustern leiten zu lassen. Diese Einsicht ist in jeder Beziehung von unschätzbarem Wert, aber sie wird noch wichtiger, wenn man es mit einem Narzissten zu tun hat, der andere oft manipuliert, um ihre eigenen Bedürfnisse zu erfüllen. Indem wir uns ein starkes Selbstbewusstsein bewahren, können wir uns davor schützen, von ihren Handlungen übermäßig beeinflusst oder verletzt zu werden.

Empathie ist ebenso wichtig, da sie es uns ermöglicht, die Perspektiven und Emotionen der Menschen um uns herum zu verstehen. Im Zusammenhang mit dem Umgang mit einem Narzissten kann uns Empathie helfen, seine oft herausfordernden Verhaltensweisen zu bewältigen. Es ist zwar wichtig, Grenzen zu setzen und uns selbst zu schützen, aber Empathie ermöglicht es uns, den Schmerz und die Unsicherheit zu sehen, die oft narzisstischem Verhalten zugrunde liegen. Dieses Verständnis kann unsere Interaktionen beeinflussen und uns helfen, entschlossen und dennoch mitfühlend zu reagieren, das Konfliktpotenzial zu verringern und einen konstruktiveren Dialog zu fördern.

Die Entwicklung von Selbstbewusstsein und Empathie erfordert Übung und Intentionalität. Eine effektive Übung zur Verbesserung der Selbstwahrnehmung ist das Journaling. Regelmäßig über unsere Gedanken, Gefühle und Erfahrungen zu schreiben, kann uns helfen, Muster zu erkennen und Einblicke in unsere emotionale Landschaft zu gewinnen. Meditations- und Achtsamkeitspraktiken sind ebenfalls mächtige Werkzeuge, da sie uns darin schulen, unsere Gedanken und Gefühle ohne Urteil zu beobachten und ein tieferes Verständnis von uns selbst zu kultivieren.

Um Empathie zu entwickeln, ist aktives Zuhören der Schlüssel. Das bedeutet, sich voll und ganz auf den Sprecher zu konzentrieren, klärende Fragen zu stellen und das Gehörte zu reflektieren, um Verständnis zu gewährleisten. Wenn wir uns in die Lage anderer versetzen und uns vorstellen, wie wir uns in ihrer Situation fühlen würden, kann dies auch unsere empathischen Fähigkeiten verbessern. Freiwilligenarbeit oder Aktivitäten, die uns mit unterschiedlichen Perspektiven konfrontieren, können unser Einfühlungsvermögen weiter vertiefen, da sie unser Verständnis für unterschiedliche Lebenserfahrungen erweitern.

Im Umgang mit Narzissten sind Selbsterkenntnis und Empathie wichtige Werkzeuge. Selbsterkenntnis hilft uns zu erkennen, wann wir manipuliert oder in ungesunde Dynamiken hineingezogen werden. Es ermöglicht uns, unsere Grenzen zu wahren und Entscheidungen zu treffen, die mit unseren Werten und unserem Wohlbefinden übereinstimmen. Empathie hilft uns unterdessen, unsere Interaktionen mit Narzissten effektiver zu gestalten. Wenn wir ihr Bedürfnis nach Bestätigung und ihre zugrunde liegenden Unsicherheiten verstehen, können wir uns ihnen mit Mitgefühl nähern und gleichzeitig unsere Grenzen wahren. Dies kann Spannungen abbauen und

Möglichkeiten für eine produktivere Kommunikation schaffen.

Es ist wichtig, sich daran zu erinnern, dass der Umgang mit Narzissten oft ein empfindliches Gleichgewicht zwischen Empathie und Selbstschutz erfordert. Es ist zwar von Vorteil, ihre Perspektive zu verstehen, aber es ist ebenso wichtig, unserer eigenen mentalen und emotionalen Gesundheit Priorität einzuräumen. Das kann bedeuten, dass du dir Unterstützung von vertrauenswürdigen Freunden, Familie oder einem Therapeuten suchst, der dir Anleitung und Perspektive bieten kann. In einigen Fällen kann es notwendig sein, den Kontakt zu einem Narzissten einzuschränken oder sogar zu beenden, wenn die Beziehung durchweg schädlich ist.

Die eigenen Emotionen erkennen und managen

Das Erkennen und Managen der eigenen Emotionen ist entscheidend, insbesondere wenn es um die Komplexität der narzisstischen Persönlichkeitsstörung (NPD) geht, egal ob sie sich in dir selbst oder in den Menschen um dich herum manifestiert. Emotionale Regulation oder die

Fähigkeit, Einfluss darauf zu nehmen, welche Emotionen Sie haben, wann Sie sie haben und wie Sie sie erleben und ausdrücken, ist eine wesentliche Fähigkeit, um sich in den komplexen emotionalen Landschaften von NPD zurechtzufinden. Die Bedeutung der emotionalen Regulation kann nicht hoch genug eingeschätzt werden. Es dient als Grundlage für die Aufrechterhaltung der psychischen Gesundheit, das Erreichen persönlicher Ziele und die Förderung gesunder Beziehungen. Wenn wir unsere Emotionen effektiv regulieren, können wir nachdenklicher auf Situationen reagieren, anstatt impulsiv zu reagieren. Diese Fähigkeit wird besonders wichtig, wenn es um narzisstische Züge geht, die oft zu erhöhten emotionalen Reaktionen und Konflikten führen können.

Einer der ersten Schritte im Umgang mit Emotionen besteht darin, sie zu erkennen. Das mag einfach klingen, erfordert aber ein Maß an Selbsterkenntnis, mit dem viele Menschen zu kämpfen haben. Beginnen Sie damit, genau auf Ihre körperlichen Empfindungen und Gedanken zu achten. Achte zum Beispiel darauf, ob deine Herzfrequenz steigt oder ob deine Gedanken kritischer werden. Dies können Indikatoren für zugrunde liegende Emotionen wie Wut oder Angst sein. Journaling kann in diesem Prozess ein mächtiges Werkzeug sein. Indem du deine Gefühle und die Situationen, die sie auslösen, aufschreibst, kannst du beginnen, Muster zu erkennen und Einblicke in deine emotionalen Reaktionen zu gewinnen. Achtsamkeitspraktiken wie Meditation und tiefe Atemübungen helfen auch dabei, sich besser auf Ihren emotionalen Zustand einzustimmen. Diese Techniken ermöglichen es Ihnen, Ihre Emotionen ohne Urteil zu beobachten und einen Raum zwischen Gefühl und Handlung zu schaffen.

Sobald Sie Ihre Emotionen erkannt haben, ist der Umgang mit ihnen der nächste Schritt. Eine effektive Strategie ist die kognitive Neubewertung, bei der es darum geht, die Art und Weise, wie Sie über eine Situation denken, zu ändern, um ihre emotionale Wirkung zu verändern. Wenn dich zum Beispiel jemand mit narzisstischen Neigungen kritisiert, könntest du, anstatt die Kritik zu verinnerlichen, sie als Reflexion seiner Unsicherheiten umformulieren, anstatt als echte Einschätzung deines Wertes. Ein anderer Ansatz ist das Üben von Selbstmitgefühl. Das bedeutet, dich selbst mit der gleichen Freundlichkeit und dem gleichen Verständnis zu behandeln, die du einem Freund entgegenbringen würdest. Erkenne deine

Gefühle an, ohne dich selbst zu verurteilen, und erinnere dich daran, dass jeder schwierige Emotionen erlebt.

Zusätzlich zu diesen Strategien ist das Setzen von Grenzen im Umgang mit NPD bei anderen unerlässlich. Klare und konsequente Grenzen schützen dein emotionales Wohlbefinden und verhindern, dass du von den narzisstischen Verhaltensweisen einer anderen Person überwältigt wirst. Kommunizieren Sie Ihre Grenzen ruhig und durchsetzungsfähig und seien Sie bereit, diese bei Bedarf durchzusetzen. Das kann bedeuten, den Kontakt zu jemandem einzuschränken, der ständig manipulativ oder kritisch ist.

Die Vorteile einer effektiven emotionalen Regulation gehen weit über die unmittelbare Linderung des Umgangs mit schwierigen Emotionen hinaus. Wenn Sie Ihre Emotionen regulieren können, verbessern Sie Ihre Beziehungen und Ihr allgemeines Wohlbefinden. Sie werden widerstandsfähiger, können mit Stress umgehen und erholen sich schneller von Rückschlägen. Diese Resilienz fördert ein Gefühl der Stabilität und des Vertrauens, was besonders wertvoll ist, wenn man mit der Unvorhersehbarkeit umgeht, die oft mit NPD verbunden ist.

Eine verbesserte emotionale Regulation verbessert auch Ihre zwischenmenschlichen Beziehungen. Wenn Sie Ihre Emotionen kontrollieren können, ist es weniger wahrscheinlich, dass Sie in Konflikten defensiv oder aggressiv reagieren. Dies führt zu einer konstruktiveren Kommunikation und Problemlösung. In Beziehungen zu Menschen mit narzisstischen Zügen ist diese Fähigkeit besonders wertvoll. Es ermöglicht Ihnen, Ihre Gelassenheit zu bewahren und geerdet zu bleiben, wodurch die Wahrscheinlichkeit verringert wird, in manipulative oder toxische Dynamiken hineingezogen zu werden.

Darüber hinaus trägt die emotionale Regulation zu einem größeren allgemeinen Wohlbefinden bei. Wenn Sie Ihre Emotionen effektiv managen können, erleben Sie weniger emotionale Volatilität und größere emotionale Stabilität. Diese Stabilität ermöglicht es Ihnen, sich mehr auf positive Erfahrungen und persönliches Wachstum zu konzentrieren, anstatt sich von negativen Emotionen verzehren zu lassen. Es fördert auch die geistige Klarheit und ermöglicht es Ihnen, durchdachtere Entscheidungen zu treffen und Ihre Ziele mit größerer Entschlossenheit zu verfolgen.

Das Erkennen und Managen der eigenen Emotionen ist eine wichtige Fähigkeit im Umgang mit narzisstischen Persönlichkeitsstörungen, sei es bei sich selbst oder bei anderen. Durch die Entwicklung einer emotionalen Regulation können Sie die Herausforderungen der NPD effektiver bewältigen, Ihre Beziehungen verbessern und Ihr allgemeines Wohlbefinden steigern. Diese Reise erfordert Geduld und Übung, aber die Belohnungen sind die Mühe wert. Wenn Sie sich die emotionale Regulierung zu eigen machen, können Sie ein ausgeglicheneres und erfüllteres Leben führen, selbst angesichts schwieriger emotionaler Herausforderungen.

Aufbau von Resilienz und emotionaler Regulation

Das Verständnis von Resilienz ist für jeden, der durch die turbulenten Gewässer des Lebens navigiert, unerlässlich, insbesondere wenn es um narzisstische Persönlichkeitsstörung (NPD) geht, sei es bei sich selbst oder bei anderen. Resilienz ist die Fähigkeit, sich schnell von Schwierigkeiten zu erholen, sich von Rückschlägen zu erholen und sich angesichts von Widrigkeiten anzupassen. Es ist wie ein psychologischer Muskel, der uns hilft, unser Wohlbefinden trotz der unvermeidlichen

Herausforderungen des Lebens zu erhalten. Die Entwicklung von Resilienz ist von entscheidender Bedeutung, da sie uns nicht nur hilft, mit Stress und Traumata umzugehen, sondern es uns auch ermöglicht, zu wachsen und aus unseren Erfahrungen stärker zu werden. Es ermöglicht uns, mit einem Gefühl der Hoffnung und des Ziels durch schwierige Situationen zu navigieren, anstatt uns überfordert oder besiegt zu fühlen.

Zum Aufbau von Resilienz gehört die Kultivierung einer Reihe von Fähigkeiten und Einstellungen, die es uns ermöglichen, unsere Emotionen effektiv zu steuern und eine positive Einstellung zu bewahren, selbst angesichts von Widrigkeiten. Eine der grundlegenden Strategien zum Aufbau von Resilienz ist die Entwicklung starker sozialer Verbindungen. Sich mit unterstützenden Freunden und Familie zu umgeben, bietet einen Puffer gegen Stress und bietet ein Netzwerk von Menschen, die Rat, Einfühlungsvermögen und praktische Hilfe anbieten können. Es ist wichtig, diese Beziehungen zu pflegen, indem man präsent ist, aktiv zuhört und Wertschätzung zeigt.

Ein weiterer wichtiger Aspekt der Resilienz ist die Aufrechterhaltung eines gesunden Lebensstils. Regelmäßige körperliche Aktivität, eine ausgewogene Ernährung und ausreichend Schlaf sind die Grundlage für unser allgemeines Wohlbefinden. Es hat sich gezeigt, dass insbesondere Bewegung die Symptome von Depressionen und Angstzuständen reduziert, die Stimmung verbessert und die allgemeine Belastbarkeit erhöht. Darüber hinaus können Achtsamkeits- und Meditationspraktiken unsere emotionale Regulation verbessern, indem sie uns helfen, geerdet und präsent im Moment zu bleiben, die Auswirkungen negativer Emotionen zu reduzieren und ein Gefühl der Ruhe und Ausgeglichenheit zu fördern.

Die Entwicklung einer wachstumsorientierten Denkweise ist ebenfalls entscheidend für den Aufbau von Resilienz. Dazu gehört, Herausforderungen als Chancen für Lernen und Wachstum zu sehen, anstatt als unüberwindbare Hindernisse. Indem wir eine positive Einstellung zu Misserfolgen und Rückschlägen einnehmen, können wir mehr Ausdauer und Entschlossenheit entwickeln. Dieser Mentalitätswandel hilft uns, Schwierigkeiten als vorübergehend und überschaubar zu betrachten, was Stress erheblich reduzieren und unsere Fähigkeit, mit Widrigkeiten umzugehen, erhöhen kann.

Im Umgang mit narzisstischem Missbrauch werden Resilienz und emotionale Regulation noch wichtiger. Narzisstischer Missbrauch kann unglaublich schädlich sein, das Selbstwertgefühl untergraben und einen Kreislauf emotionaler Turbulenzen auslösen. Resilienz hilft uns, unser Selbstwertgefühl und unsere Autonomie trotz des manipulativen Verhaltens eines Narzissten zu bewahren. Es ermöglicht uns, gesunde Grenzen zu setzen und aufrechtzuerhalten, unser emotionales Wohlbefinden zu schützen und der Tendenz zu widerstehen, die negativen Botschaften, die Narzissten oft vermitteln, zu verinnerlichen.

Emotionale Regulation ist in diesen Situationen ebenso wichtig. Narzissten können sehr geschickt darin sein, emotionale Reaktionen auszulösen, sei es durch Kritik, Schuldzuweisungen oder andere manipulative Taktiken. Indem wir lernen, unsere Emotionen effektiv zu managen, können wir auf diese Provokationen ruhig und maßvoll reagieren, anstatt impulsiv oder defensiv zu reagieren. Techniken wie tiefes Atmen, progressive Muskelentspannung und kognitive Umstrukturierung können uns helfen, angesichts narzisstischen Verhaltens gelassen und rational zu bleiben.

Darüber hinaus ermöglichen uns Resilienz und emotionale Regulation, die verzerrten Denkmuster, die oft durch narzisstischen Missbrauch entstehen, zu erkennen und zu hinterfragen. Wir können lernen, kognitive Verzerrungen wie Katastrophenbildung, Übergeneralisierung und Personalisierung zu erkennen und ihnen entgegenzuwirken, die Gefühle der Hilflosigkeit und Unzulänglichkeit aufrechterhalten können. Indem wir eine ausgewogenere und realistischere Perspektive entwickeln, können wir die emotionalen Auswirkungen von narzisstischem Verhalten reduzieren und unser Gefühl von Kontrolle und Handlungsfähigkeit zurückgewinnen.

Letztendlich ist der Aufbau von Resilienz und emotionaler Regulation eine Reise, die kontinuierliche Anstrengung und Übung erfordert. Es geht darum, eine Reihe von Fähigkeiten und Strategien zu entwickeln, die uns helfen können, die Komplexität des Lebens mit mehr Selbstvertrauen und Gelassenheit zu bewältigen. Unabhängig davon, ob wir es mit einer narzisstischen Persönlichkeitsstörung bei uns selbst oder anderen zu tun haben, können diese Fähigkeiten uns befähigen, unser Wohlbefinden zu erhalten, unsere emotionale Gesundheit zu schützen und ein erfüllteres und widerstandsfähigeres Leben zu führen.

Teil 3

Navigieren in narzisstischen Beziehungen

In der komplexen und oft verwirrenden Landschaft der Beziehungen kann sich das Erkennen von narzisstischem Verhalten wie der Versuch anfühlen, ein kompliziertes Rätsel zu lösen. Das ist nicht immer sofort ersichtlich, vor allem, wenn der erste Eindruck so charmant und fesselnd sein kann. Es gibt jedoch deutliche Anzeichen und Warnsignale, die dir helfen können, zu erkennen, ob du es mit einem Narzissten zu tun hast.

Eines der aussagekräftigsten Anzeichen ist ein übertriebenes Gefühl der Selbstherrlichkeit. Narzissten glauben oft, dass sie anderen überlegen sind und erwarten, auch so behandelt zu werden. Sie können mit ihren Leistungen und Talenten prahlen, auch wenn diese Behauptungen nicht ganz korrekt sind. Diese Grandiosität geht oft mit einem Mangel an Empathie einher. Sie haben Schwierigkeiten, die Gefühle und Bedürfnisse anderer zu verstehen oder wertzuschätzen, was es schwierig macht, eine wirklich wechselseitige Beziehung zu führen.

Ein weiteres Warnsignal ist das Bedürfnis nach ständiger Bewunderung und Bestätigung. Narzissten leben von Lob und können wütend oder niedergeschlagen werden, wenn sie es nicht erhalten. Dieses Bedürfnis nach externer Bestätigung führt oft dazu, dass sie Gespräche monopolisieren und sie auf sich selbst zurücklenken, was es anderen erschwert, ihre eigenen Gedanken und Erfahrungen zu teilen.

Auch manipulatives Verhalten ist ein häufiges Merkmal. Narzissten sind geschickt darin, Situationen und Menschen zu ihrem Vorteil zu manipulieren. Dies kann sich als Gaslighting manifestieren, bei dem sie die Wahrheit verdrehen, um dich an deiner eigenen Realität zweifeln zu lassen, oder durch subtilere Formen der emotionalen Manipulation, die darauf abzielen, dich aus dem Gleichgewicht zu bringen und von ihnen abhängig zu halten.

Darüber hinaus zeigen Narzissten oft ein Gefühl des Anspruchs. Sie erwarten eine

Sonderbehandlung und können empört oder aggressiv werden, wenn sie nicht das bekommen, was sie ihrer Meinung nach verdienen. Dies kann zu einer Dynamik führen, in der du ständig das Gefühl hast, auf Eierschalen zu laufen, und versuchst, ihren Zorn nicht auszulösen.

Die Unterscheidung zwischen narzisstischem und nicht-narzisstischem Verhalten kann eine Herausforderung sein, da viele dieser Eigenschaften in unterschiedlichen Kontexten oder Ausprägungen bei nicht-narzisstischen Personen auftreten können. Der Hauptunterschied liegt jedoch in der Konsistenz und im Kontext. Jeder hat Momente der Selbstherrlichkeit oder braucht Bestätigung, aber in gesunden Beziehungen werden diese Eigenschaften durch Empathie, gegenseitigen Respekt und echte Fürsorge für andere ausgeglichen.

Im Gegensatz dazu ist narzisstisches Verhalten allgegenwärtig und hartnäckig. Es infiltriert jeden Aspekt der Beziehung und schafft ein Ungleichgewicht, bei dem die Bedürfnisse und Wünsche des Narzissten immer an erster Stelle stehen. Nicht-narzisstische Personen sind zur Selbstreflexion fähig und können ihre Fehler anerkennen und korrigieren, während Narzissten selten die Verantwortung für ihre Handlungen übernehmen und eher dazu neigen, anderen die Schuld zu geben.

Wenn du den Verdacht hast, dass dein Partner ein Narzisst ist, ist es wichtig, die Situation mit Sorgfalt und Selbstbewusstsein anzugehen. Der erste Schritt besteht darin, sich über narzisstische Persönlichkeitsstörung zu informieren. Das Verständnis der Erkrankung kann Ihnen helfen, die Muster klarer zu sehen und zu vermeiden, dass Sie sich in ihren Manipulationen verfangen.

Das Setzen von Grenzen ist unerlässlich. Narzissten gehen oft an ihre Grenzen, um zu sehen, wie viel sie sich leisten können, daher ist es wichtig, klar zu definieren, welches Verhalten akzeptabel ist und welches nicht. Seien Sie fest und konsequent bei der Durchsetzung dieser Grenzen, auch wenn dies eine negative Reaktion hervorruft.

Auch die Suche nach Unterstützung ist von entscheidender Bedeutung. Ein Gespräch mit Freunden, Familie oder einem Therapeuten kann Ihnen eine Perspektive und emotionale Unterstützung bieten. Professionelle Hilfe ist besonders wertvoll, da sie auf Ihre spezifische Situation zugeschnittene Strategien bieten und Ihnen helfen kann, sich in der Komplexität der Beziehung zurechtzufinden.

Wenn die Beziehung zu toxisch wird, musst du vielleicht in Erwägung ziehen, dich zu distanzieren oder zu gehen. Dies kann eine schwierige und schmerzhafte Entscheidung sein, besonders wenn du viel Zeit und Emotionen in die Beziehung investiert hast. Ihr Wohlbefinden und Ihre psychische Gesundheit stehen jedoch an erster Stelle. Manchmal ist es die gesündeste Wahl, wegzugehen und sich auf die Heilung und den Wiederaufbau Ihres Lebens zu konzentrieren.

Um narzisstisches Verhalten in Beziehungen zu erkennen, müssen bestimmte Anzeichen erkannt und die Unterschiede zwischen narzisstischen und nicht-narzisstischen Eigenschaften verstanden werden. Indem du dich weiterbildest, Grenzen setzt, Unterstützung suchst und bereit bist, schwierige Entscheidungen zu treffen, kannst du besser mit narzisstischer Persönlichkeitsstörung umgehen, egal ob es sich um dich selbst oder andere handelt. Denken Sie daran, dass der Weg zu gesünderen Beziehungen mit Bewusstsein und einer Verpflichtung zur Selbstfürsorge beginnt.

Grenzen setzen und durchsetzungsfähige Kommunikation

Das Setzen von Grenzen in Beziehungen, insbesondere in solchen, an denen Menschen mit narzisstischen Neigungen beteiligt sind, ist entscheidend für die Aufrechterhaltung des geistigen und emotionalen Wohlbefindens. Grenzen wirken wie unsichtbare Barrieren, die Ihren persönlichen Raum, Ihre Gefühle und Ihre Werte schützen. Sie helfen zu definieren, was akzeptables Verhalten von anderen ist und was nicht. Ohne Grenzen können Menschen feststellen, dass sie ständig den Bedürfnissen und Wünschen des Narzissten nachkommen, oft auf Kosten ihrer eigenen Gesundheit und ihres Glücks. Das Festlegen klarer Grenzen stellt sicher, dass Sie Ihr Gefühl von Identität und Autonomie bewahren, das in Beziehungen mit narzisstischen Personen oft untergraben wird.

Die Aufrechterhaltung gesunder Grenzen erfordert ein klares Verständnis der eigenen Bedürfnisse und Grenzen. Beginnen Sie damit, darüber nachzudenken, welche Verhaltensweisen für Sie inakzeptabel sind und in welchen Situationen

Sie sich unwohl fühlen. Diese Selbstwahrnehmung ist die Grundlage für das Setzen von Grenzen. Sobald Sie Ihre Grenzen identifiziert haben, kommunizieren Sie sie klar und selbstbewusst. Verwende "Ich"-Aussagen, um deine Bedürfnisse und Gefühle auszudrücken, ohne anklagend zu klingen. Zum Beispiel ist es effektiver, zu sagen: "Ich fühle mich überfordert, wenn du mich während einer Besprechung unterbrichst" als "Du unterbrichst mich immer". Es ist wichtig, dass du deine Grenzen konsequent durchsetzt. Wenn eine Grenze überschritten wird, sprechen Sie sie sofort und durchsetzungsfähig an und verstärken Sie Ihre Grenzen. Diese Beständigkeit wird der narzisstischen Person helfen zu verstehen, dass deine Grenzen fest und nicht verhandelbar sind.

Durchsetzungsfähige Kommunikation ist ein mächtiges Werkzeug im Umgang mit narzisstischem Verhalten. Es geht darum, Ihre Gedanken, Gefühle und Bedürfnisse offen und ehrlich auszudrücken und gleichzeitig andere zu respektieren. Im Gegensatz zur passiven Kommunikation, die oft zu Ressentiments führt, oder aggressiver Kommunikation, die Konflikte eskalieren lassen kann, fördert die selbstbewusste Kommunikation den gegenseitigen Respekt und das Verständnis. Um durchsetzungsfähig zu kommunizieren, üben Sie die

Verwendung einer klaren und direkten Sprache. Vermeiden Sie vage Aussagen und seien Sie konkret in Bezug auf das, was Sie brauchen oder erwarten. Es ist auch wichtig, ein ruhiges und gelassenes Auftreten zu bewahren, auch wenn der Narzisst versucht, dich zu provozieren. Emotionale Regulation ist der Schlüssel zu einer durchsetzungsfähigen Kommunikation, da sie es Ihnen ermöglicht, nachdenklich zu reagieren, anstatt impulsiv zu reagieren.

Wenn du mit einer narzisstischen Person zu tun hast, könntest du auf Widerstand oder Gegenwind stoßen, wenn du Grenzen setzt oder selbstbewusst kommunizierst. Narzissten haben oft ein starkes Anspruchsdenken und akzeptieren möglicherweise nicht leicht, wenn ihrem Verhalten Grenzen gesetzt werden. Es ist wichtig, standhaft zu bleiben und sich nicht von ihren Versuchen beeinflussen zu lassen, dich zu manipulieren oder dir Schuldgefühle zu machen. Denken Sie daran, dass es beim Setzen von Grenzen und bei der selbstbewussten Kommunikation nicht darum geht, die andere Person zu kontrollieren, sondern darum, die Kontrolle über Ihr eigenes Leben und Ihr Wohlbefinden zu übernehmen. Im Laufe der Zeit, wenn du deine Grenzen konsequent durchsetzt und eine durchsetzungsfähige Kommunikation praktizierst, wirst du wahrscheinlich eine Verbesserung deiner Interaktionen und eine Verringerung der Fähigkeit des Narzissten bemerken, dich zu dominieren oder zu untergraben.

Eine Beziehung mit einer narzisstischen Person zu führen, ist eine Herausforderung, aber nicht unüberwindbar. Indem Sie klare Grenzen setzen und selbstbewusst kommunizieren, können Sie Ihr Wohlbefinden schützen und gesündere Interaktionen fördern. Es erfordert Geduld, Übung und ein Engagement für die eigenen Bedürfnisse und Werte. Denken Sie daran, dass Sie das Recht haben, mit Respekt behandelt zu werden und Ihre eigenen Bedürfnisse durchzusetzen, unabhängig davon, wie die andere Person reagieren mag.

Umgang mit Gaslighting, Projektion und Manipulation

Beim Navigieren in narzisstischen Beziehungen ist das Verständnis und der Umgang mit Taktiken wie Gaslighting, Projektion und Manipulation entscheidend für die Aufrechterhaltung des emotionalen Wohlbefindens. Diese Verhaltensweisen sind Kennzeichen der narzisstischen Persönlichkeitsstörung (NPD), bei der Individuen andere manipulieren, um Kontrolle und Überlegenheit zu behalten.

Beim Gaslighting verzerrt der Narzisst die Realität, um sein Opfer an seinen Wahrnehmungen, Erinnerungen und seinem Verstand zweifeln zu lassen. Es ist eine Form der psychologischen Manipulation, bei der der Narzisst Ereignisse leugnet, Emotionen entkräftet oder sogar das Opfer für Dinge verantwortlich macht, die nicht seine Schuld sind. Sie könnten zum Beispiel sagen: "Du bildest dir Dinge ein" oder "Das ist nie passiert". Im Laufe der Zeit können Opfer beginnen, ihr eigenes Urteil und ihre Realität in Frage zu stellen.

Projektion tritt auf, wenn Narzissten ihre eigenen negativen Eigenschaften, Verhaltensweisen oder Emotionen anderen zuschreiben. Sie weigern sich, ihre Fehler anzuerkennen und projizieren sie stattdessen auf jemand anderen, oft einen engen Partner oder ein Familienmitglied. Zum Beispiel kann ein Narzisst, der ständig kritisch ist, seinen Partner stattdessen beschuldigen, übermäßig kritisch zu sein. Diese Taktik dient dazu, die Aufmerksamkeit von ihren eigenen Fehlern abzulenken und eine Fassade der Perfektion aufrechtzuerhalten.

Manipulation ist eine weitere Taktik, bei der Narzissten die Emotionen, Bedürfnisse oder Verletzlichkeiten anderer zu ihrem eigenen Vorteil ausnutzen. Sie können Charme, Schuldgefühle, Einschüchterung oder das Opfer spielen, um zu bekommen, was sie wollen. Manipulation kann subtil oder offen sein, aber das Ziel ist immer, die Situation und die Menschen um sie herum zu kontrollieren.

Narzissten nutzen diese Taktiken, um Macht und Dominanz in Beziehungen aufrechtzuerhalten. Indem sie den Realitätssinn ihrer Opfer untergraben (Gaslighting), ihre Fehler auf andere projizieren und Emotionen und Situationen zu ihrem Vorteil manipulieren, schaffen sie ein Umfeld, in dem ihre Bedürfnisse und Wünsche Vorrang vor denen aller anderen haben.

Der Umgang mit diesen Verhaltensweisen erfordert eine Kombination aus Selbstbewusstsein, Durchsetzungsvermögen und Grenzziehung. Erstens ist es entscheidend, diese Taktiken als das zu erkennen, was sie sind – manipulative Strategien, die darauf abzielen, andere zu kontrollieren und zu erniedrigen. Zu verstehen, dass du keine Schuld an ihrem Verhalten trägst, ist der erste Schritt, um dein Selbstwertgefühl zurückzugewinnen.

Klare Grenzen zu setzen ist essenziell. Dazu gehört, selbstbewusst darüber zu kommunizieren, welche Verhaltensweisen akzeptabel und inakzeptabel sind. Wenn du zum Beispiel ruhig, aber bestimmt sagst: "Ich werde es nicht tolerieren, für Dinge verantwortlich gemacht zu werden, die ich nicht getan habe", kann das helfen, Grenzen zu setzen und dein emotionales Wohlbefinden zu schützen.

Die Aufrechterhaltung eines Unterstützungsnetzwerks von vertrauenswürdigen Freunden, Familie oder einem Therapeuten ist von unschätzbarem Wert. Diese Personen können in schwierigen Zeiten Bestätigung, Perspektive und emotionale Unterstützung bieten. Mit jemandem zu sprechen, der narzisstisches Verhalten versteht, kann deine Erfahrungen klären und deinen Realitätssinn stärken.

Schließlich ist es wichtig, sich selbst zu pflegen. Die Teilnahme an Aktivitäten, die das emotionale und körperliche Wohlbefinden fördern, wie z. B. Bewegung, Meditation, Hobbys oder Zeit mit positiven Einflüssen zu verbringen, hilft, die Resilienz aufzubauen und Ihr Selbstwertgefühl zu stärken.

Denken Sie daran, dass es darum geht, Ihren Realitätssinn zurückzugewinnen, Grenzen zu setzen und Ihre eigene emotionale Gesundheit angesichts manipulativer und schädlicher Verhaltensweisen zu priorisieren.

Gesunde Beziehungen zu Narzissten pflegen

Das Navigieren in Beziehungen mit Narzissten stellt eine einzigartige Reihe von Herausforderungen dar, die unglaublich anstrengend und emotional anstrengend sein können. Eine der Hauptschwierigkeiten ist das dem Narzissten innewohnende Bedürfnis nach Bewunderung und Bestätigung, oft auf Kosten der Gefühle und Bedürfnisse anderer. In einer Beziehung mit einem Narzissten gibt es ein allgegenwärtiges Gefühl des Ungleichgewichts, bei dem seine Anforderungen und Wünsche deine überschatten. Dieses Ungleichgewicht kann zu einem ständigen Kampf um Bestätigung und dem Gefühl führen, nie gut genug zu sein, egal wie viel Mühe du in die Beziehung steckst.

Das Setzen von Grenzen ist entscheidend, um Ihren Verstand und Ihr emotionales Wohlbefinden zu erhalten. Grenzen fungieren als Schutzschild gegen die manipulativen Verhaltensweisen des

Narzissten, wie z. B. Gaslighting und emotionale Manipulation. Es ist wichtig, deine Grenzen klar zu kommunizieren und deine Bedürfnisse durchzusetzen, auch wenn dies Widerstand oder Wut beim Narzissten provozieren kann. Beginnen Sie damit, herauszufinden, welche Verhaltensweisen für Sie akzeptabel sind und welche die Grenze überschreiten. Übe dich darin, Nein zu sagen und fest an deinen Grenzen festzuhalten, trotz aller Versuche, Schuldgefühle zu machen oder sie zu entkräften.

Die Priorisierung der Selbstfürsorge ist nicht nur ein Vorschlag, sondern eine Notwendigkeit, wenn man mit einem narzisstischen Partner, Freund oder Familienmitglied zu tun hat. Die ständige emotionale Achterbahnfahrt einer Beziehung mit einem Narzissten kann dazu führen, dass du dich erschöpft und unsicher fühlst. Selbstfürsorge bedeutet, sich körperlich, emotional und geistig zu nähren. Es bedeutet, sich Zeit für Aktivitäten zu nehmen, die dir Freude und Entspannung bringen, sei es Yoga, Lesen oder Zeit mit unterstützenden Freunden zu verbringen. Dazu gehört auch, dass Sie eine Therapie oder Beratung in Anspruch nehmen, um Ihre Emotionen zu verarbeiten und Klarheit über eine gesunde Beziehungsdynamik zu gewinnen.

Zu erkennen, wann es an der Zeit ist, eine Beziehung mit einem Narzissten zu beenden, ist oft der herausforderndste, aber letztendlich befreiende Schritt. Trotz deiner Bemühungen, Grenzen zu setzen und der Selbstfürsorge Vorrang einzuräumen, können einige Beziehungen toxisch und irreparabel bleiben. Anzeichen dafür, dass es an der Zeit sein könnte, wegzugehen, sind, dass du dich trotz aller Bemühungen ständig ausgelaugt, entwertet oder manipuliert fühlst. Vertraue deinem Instinkt und erkenne, dass das Beenden einer Beziehung kein Scheitern bedeutet, sondern ein mutiger Schritt zur Wiederherstellung deiner emotionalen Gesundheit und deines Wohlbefindens.

Um eine gesunde Beziehung zu einem Narzissten aufrechtzuerhalten, muss man ein feines Gleichgewicht zwischen dem Setzen von Grenzen, der Prioritätenpflege für sich selbst und dem Wissen, wann es Zeit ist, loszulassen, aufrechterhalten. Es geht darum, den eigenen Wert zu erkennen und sich zu weigern, Misshandlung oder Manipulation zu akzeptieren. Indem Sie sich selbst mit Wissen und Unterstützung ausstatten, können Sie diese herausfordernden Beziehungen mit Klarheit und Stärke meistern und letztendlich eine gesündere Dynamik in Ihrem Leben fördern.

Wissen, wann man gehen muss

Zu wissen, wann du eine Beziehung mit einem Narzissten beenden solltest, kann eine herausfordernde, aber wichtige Entscheidung für dein emotionales Wohlbefinden sein. Es ist entscheidend, die Anzeichen zu erkennen, dass es an der Zeit ist, die Beziehung zu beenden. Oft manifestieren sich diese Anzeichen in konsistenten Mustern der Manipulation, des Mangels an Empathie und des emotionalen Missbrauchs. Vielleicht stellst du ständig deinen Wert in Frage, fühlst dich in ihrer Gegenwart ausgelaugt oder ängstlich oder erlebst einen Zyklus der Idealisierung, gefolgt von Abwertung. Deinem Instinkt zu vertrauen und diese roten Fahnen anzuerkennen, ist der erste Schritt, um dein eigenes Selbstwertgefühl und deine Sicherheit zurückzugewinnen.

Die Vorbereitung und Durchführung eines sicheren Ausstiegs aus einer Beziehung mit einem Narzissten erfordert sorgfältige Planung und emotionale Stärke. Beginnen Sie damit, alle Vorfälle von Missbrauch oder Manipulation für Ihre eigenen Unterlagen zu dokumentieren. Dies hilft nicht nur, Ihre Erfahrung zu bestätigen, sondern dient auch als

Erinnerung daran, warum es notwendig ist, das Haus zu verlassen. Bauen Sie ein Unterstützungsnetzwerk aus vertrauenswürdigen Freunden, Familienmitgliedern oder Fachleuten auf, die emotionale Unterstützung und praktische Hilfe bieten können. Plane deine Ausstiegsstrategie diskret, sorge für deine Sicherheit und minimiere mögliche Vergeltungsmaßnahmen oder Eskalationen durch den Narzissten.

Selbstfürsorge wird während dieses Prozesses von größter Bedeutung. Es ist leicht, die eigenen Bedürfnisse zu vernachlässigen, wenn man mit den Anforderungen einer narzisstischen Beziehung umgeht. Nehmen Sie an Aktivitäten teil, die Ihr körperliches, emotionales und geistiges Wohlbefinden fördern. Dazu gehören regelmäßige Bewegung, Achtsamkeitsübungen oder die Suche nach Beratung, um deine Gefühle zu verarbeiten und dein Selbstwertgefühl wieder aufzubauen. Setze Grenzen, um dich vor weiterem Schaden zu schützen, sowohl während des Trennungsprozesses als auch in zukünftigen Beziehungen. Denken Sie daran, Heilung braucht Zeit, und es ist in Ordnung, professionelle Hilfe in Anspruch zu nehmen, um diesen herausfordernden Übergang zu bewältigen.

Denken Sie bei allem daran, dass Sie es verdienen, mit Freundlichkeit, Respekt und

Einfühlungsvermögen behandelt zu werden. Eine Beziehung mit einem Narzissten zu beenden, ist kein Zeichen von Schwäche, sondern ein mutiger Schritt, um dein eigenes Glück und deine emotionale Gesundheit zurückzugewinnen. Umgeben Sie sich mit unterstützenden Personen, die Ihre Erfahrungen bestätigen und einen sicheren Raum für Heilung bieten. Indem du deinem Wohlbefinden Priorität einräumst und deinen eigenen Wert erkennst, kannst du letztendlich damit beginnen, ein Leben frei von der Toxizität narzisstischer Beziehungen aufzubauen.

Teil 4

Heilung und Genesung

Das Verständnis von Trauma und Missbrauch ist entscheidend für den Umgang mit narzisstischen Beziehungen, egal ob du selbst damit umgehst oder jemand anderen unterstützt. Trauma bezieht sich auf jede zutiefst belastende oder verstörende Erfahrung, die die Bewältigungsfähigkeit eines Individuums überfordert. Missbrauch hingegen beinhaltet die Misshandlung oder Ausbeutung einer Person, die oft zu physischen, emotionalen oder psychischen Schäden führt. Diese Erfahrungen können bleibende Narben im mentalen und emotionalen Wohlbefinden hinterlassen.

Die Auswirkungen von Traumata und Missbrauch auf die psychische und emotionale

Gesundheit sind tiefgreifend. Menschen, die solche Erfahrungen gemacht haben, haben oft mit einer Reihe von Problemen zu kämpfen, darunter Angstzustände, Depressionen, geringes Selbstwertgefühl und Schwierigkeiten, anderen zu vertrauen. Sie können Flashbacks, Albträume oder Hyperwachsamkeit erleben und ständig auf der Hut vor potenziellen Bedrohungen sein. Diese Effekte können das tägliche Leben, die Beziehungen und das allgemeine Wohlbefinden stören und einen Kreislauf von Schmerz und Stress erzeugen.

Die Suche nach Hilfe und Unterstützung ist entscheidend für die Heilung von Trauma und Missbrauch, insbesondere im Umgang mit narzisstischer Persönlichkeitsstörung (NPD). Es ist nicht einfach, diese Herausforderungen alleine zu meistern. Eine professionelle Therapie bietet einen sicheren Raum, um Emotionen zu verarbeiten, Bewältigungsstrategien zu erforschen und die Auswirkungen vergangener Erfahrungen zu verarbeiten. Therapeuten, die in traumainformierter Betreuung ausgebildet sind, verstehen die Komplexität von narzisstischem Missbrauch und können eine auf die individuellen Bedürfnisse zugeschnittene Anleitung anbieten.

Über die Therapie hinaus spielen Unterstützungsnetzwerke eine wichtige Rolle. Die

Verbindung zu verständnisvollen Freunden, Familienmitgliedern oder Selbsthilfegruppen kann Bestätigung und Solidarität bieten. Der Austausch von Erfahrungen mit anderen, die vor ähnlichen Herausforderungen standen, kann Gefühle der Isolation und Scham verringern und ein Gefühl der Gemeinschaft und Zugehörigkeit fördern. Peer-Support kann praktische Ratschläge, Empathie und Ermutigung auf dem Weg zur Heilung und Genesung bieten.

Um Traumata und Missbrauch zu verstehen, muss man die tiefen Wunden anerkennen, die sie hinterlassen, und die tiefgreifenden Auswirkungen, die sie auf das geistige und emotionale Wohlbefinden haben. Hilfe und Unterstützung zu suchen, ist kein Zeichen von Schwäche, sondern ein mutiger Schritt, um sein Leben zurückzugewinnen und ein Gefühl von Sicherheit und Selbstwertgefühl wiederherzustellen. Durch die Nutzung von heilenden Ressourcen und die Verbindung zu unterstützenden Gemeinschaften können Menschen, die von narzisstischem Missbrauch betroffen sind, einen Weg der Heilung, Widerstandsfähigkeit und Ermächtigung einschlagen.

Der Prozess der Heilung und Genesung

Heilung und Genesung von narzisstischem Missbrauch ist eine Reise, die Geduld, Verständnis und die Verpflichtung zur Selbstwiederherstellung erfordert. Es beginnt damit, die tiefen Wunden anzuerkennen, die durch die narzisstische Persönlichkeitsstörung (NPD) zugefügt wurden, und zu verstehen, dass Heilung nicht nur möglich, sondern unerlässlich ist, um das eigene Leben und Wohlbefinden zurückzugewinnen.

Im Mittelpunkt des Prozesses steht die Entwirrung der psychologischen Knoten, die NPD hinterlassen hat. Opfer finden sich oft in einem Kreislauf von Gaslighting, Manipulation und emotionalem Aufruhr wieder. Um diese Knoten zu lösen, müssen zunächst die Missbrauchsmuster und ihre Auswirkungen auf Emotionen, Selbstwertgefühl und Beziehungen erkannt werden. Es geht darum, die Realität des Erlebten anzuerkennen, diese Gefühle zu bestätigen und zu akzeptieren, dass der Missbrauch weder verdient noch zu rechtfertigen war.

Die Suche nach Unterstützung ist auf diesem Weg von entscheidender Bedeutung. Der Aufbau eines Unterstützungsnetzwerks von vertrauenswürdigen Personen, die Empathie, Bestätigung und praktische Hilfe bieten können, kann erheblich zur Heilung beitragen. Dieses Netzwerk kann Freunde, Familienmitglieder, Therapeuten, Selbsthilfegruppen oder Online-Communities umfassen, in denen Erfahrungen ohne Angst vor Verurteilung geteilt werden können. Sich anderen gegenüber über die Erfahrungen von narzisstischem Missbrauch zu öffnen, kann entmutigend sein, ist aber ein wichtiger Schritt, um das Schweigen zu brechen und das Verständnis zu erhalten, das zur Heilung erforderlich ist.

Selbstfürsorge erweist sich als Eckpfeiler der Genesung. Während des Traumas des narzisstischen Missbrauchs oft vernachlässigt, beinhaltet Selbstfürsorge, sich körperlich, emotional und spirituell zu nähren. Es geht darum, wieder zu lernen, die eigenen Bedürfnisse und das eigene Wohlbefinden in den Vordergrund zu stellen, sei es durch das Setzen gesunder Grenzen, das Ausüben von Aktivitäten, die Freude und Erfüllung bringen, oder das Suchen professioneller Hilfe, wenn es nötig ist. Insbesondere Selbstmitgefühl wird zu einem mächtigen Werkzeug, um den negativen Selbstgesprächen und Selbstvorwürfen entgegenzuwirken, die oft von narzisstischen

Missbrauchstätern eingeflößt werden. Es bedeutet, sich selbst mit der gleichen Freundlichkeit und dem gleichen Verständnis zu behandeln, die man einem Freund entgegenbringen würde, der vor ähnlichen Herausforderungen steht.

Darüber hinaus beinhaltet die Heilung von narzisstischem Missbrauch eine Reise der Wiederentdeckung der eigenen Identität und des Wiederaufbaus des Selbstwertgefühls. Es geht darum, die eigenen Stärken, Werte und Bestrebungen zu erforschen und sich wieder mit ihnen zu verbinden, die während der missbräuchlichen Beziehung möglicherweise verdunkelt oder untergraben wurden. Dieser Prozess verläuft allmählich und nichtlinear und ist sowohl von Fortschritten als auch von Rückschlägen geprägt. Es erfordert Geduld und Beharrlichkeit, in der Erkenntnis, dass sich die Heilung in ihrem eigenen Tempo entfaltet.

Letztendlich geht es beim Prozess der Heilung und Genesung von narzisstischem Missbrauch darum, die Autonomie und Autorschaft über die eigene Lebensgeschichte zurückzugewinnen. Es geht darum, sich von einem Ort der Opferrolle zu einem Empowerment zu bewegen, in dem vergangene Erfahrungen zu Lektionen und nicht zu bestimmenden Faktoren werden. Es ist eine Reise, um ein Gefühl der Sicherheit, des Vertrauens und der Hoffnung für die Zukunft zurückzugewinnen, geleitet von Selbsterkenntnis, Mitgefühl und der unerschütterlichen Unterstützung derer, die sich wirklich um uns kümmern. Auf diesem Weg ist jeder Schritt zur Heilung ein Zeugnis für Widerstandsfähigkeit und die angeborene menschliche Fähigkeit zur Erneuerung und zum Wachstum.

Aufbau eines Unterstützungsnetzwerks und Suche nach Hilfe

Der Aufbau eines Unterstützungsnetzwerks und die Suche nach Hilfe sind entscheidende Schritte, um die Komplexität der narzisstischen Persönlichkeitsstörung (NPD) zu bewältigen, unabhängig davon, ob Sie selbst damit umgehen oder jemand anderen dabei unterstützen.

Erstens kann die Bedeutung des Aufbaus eines Unterstützungsnetzwerks nicht hoch genug eingeschätzt werden. Wenn Sie mit NPD zu tun haben, kann es sich isolierend und überwältigend anfühlen. Ein Unterstützungsnetzwerk gibt Ihnen einen Rettungsanker – eine Gruppe von Menschen, die verstehen, sich einfühlen und emotionale Unterstützung bieten können. Dieses Netzwerk kann vertrauenswürdige Freunde, Familienmitglieder, die in der Lage sind, zu verstehen, oder sogar Selbsthilfegruppen umfassen, in denen Einzelpersonen ähnliche Erfahrungen teilen. Jede Person in Ihrem Unterstützungsnetzwerk spielt eine einzigartige Rolle, sei es, dass sie ein offenes Ohr hat, praktische Hilfe anbietet oder einfach nur da ist, um Ihre Gefühle zu bestätigen. Diese Verbindungen sind wichtig, um dich daran zu erinnern, dass du nicht allein bist und dass es Menschen gibt, die sich um dich kümmern und dich auf deinem Weg der Heilung begleiten wollen.

Die Suche nach Hilfe und die Suche nach Ressourcen ist der nächste wichtige Schritt. Es beginnt mit der Erkenntnis, dass der Umgang mit NPD professionelle Anleitung erfordert. Beginnen Sie damit, sich mit einem Therapeuten oder Berater zu beraten, der sich auf Persönlichkeitsstörungen spezialisiert hat. Sie können unschätzbare Einblicke, Strategien und personalisierte Beratung bieten, die auf Ihre spezifische Situation zugeschnitten sind. Therapeuten können Ihnen helfen, die zugrunde liegenden Ursachen von NPD-Verhaltensweisen zu verstehen, Bewältigungsmechanismen zu vermitteln und Sie durch die auftretenden emotionalen Herausforderungen zu führen.

Unterschätzen Sie außerdem nicht den Wert von Selbsthilfegruppen. Diese Zusammenkünfte bringen Menschen zusammen, die ähnliche Erfahrungen mit NPD teilen, und schaffen einen sicheren Raum für gegenseitiges Verständnis und Unterstützung. In diesen Gruppen tauschen sich die Teilnehmer oft über Bewältigungsstrategien aus, erzählen Geschichten und bieten Ermutigung an, die auf ihren eigenen Reisen basieren. Das Gefühl der Kameradschaft und Bestätigung kann immens stärkend sein und Ihnen helfen, sich auf eine Weise verstanden und akzeptiert zu fühlen, die anderswo vielleicht nur schwer zu finden ist.

Therapie und Selbsthilfegruppen bieten einzigartige Vorteile, die sich gegenseitig ergänzen. Die Therapie bietet persönliche Betreuung, personalisierte Behandlungspläne und professionelles Fachwissen, während Selbsthilfegruppen Peer-Support, gemeinsame Erfahrungen und eine Gemeinschaft von Personen bieten, die wirklich verstehen, was Sie durchmachen. Beide Wege tragen zu Ihrem gesamten Unterstützungsnetzwerk bei, stärken Ihre Widerstandsfähigkeit und statten Sie mit den

Werkzeugen aus, die Sie benötigen, um die Komplexität von NPD zu bewältigen.

Der Aufbau eines Unterstützungsnetzwerks und die Suche nach professioneller Hilfe sind integrale Bestandteile der Heilung von narzisstischer Persönlichkeitsstörung. Sie bieten wichtige emotionale Unterstützung, praktische Anleitungen und ein Gefühl der Zugehörigkeit, die auf Ihrem Weg zur Genesung von entscheidender Bedeutung sind. Indem Sie in diese Ressourcen investieren, stärken Sie sich selbst mit der Kraft und Widerstandsfähigkeit, die Sie benötigen, um Herausforderungen zu meistern, gesündere Beziehungen zu pflegen und letztendlich ein erfüllteres Leben zu führen. Denken Sie daran, dass die Suche nach Unterstützung kein Zeichen von Schwäche ist, sondern ein mutiger Schritt in Richtung Heilung und Wachstum.

Vergebung und Loslassen

Vergebung und Loslassen sind tiefgreifende Prozesse auf dem Weg der Heilung von narzisstischen Beziehungen, egal ob man sich mit seinen eigenen narzisstischen Zügen auseinandersetzt oder Beziehungen mit jemandem führt, der an einer narzisstischen Persönlichkeitsstörung (NPD) leidet.

Den Prozess der Vergebung und des Loslassens erklären

Vergebung beginnt als innere Veränderung – eine bewusste Entscheidung, Groll und negative Emotionen, die mit vergangenen Verletzungen verbunden sind, loszulassen. Es bedeutet nicht, das Geschehene zu dulden oder zu vergessen; Vielmehr geht es darum, sich von der emotionalen Last zu befreien, die einen im Schmerz verankert hält. Loslassen ergänzt die Vergebung, indem es uns ermöglicht, den Griff vergangener Kränkungen zu lösen und unseren Geist und unser Herz von wiederkehrenden Gedanken und Bitterkeit zu befreien.

Um im Zusammenhang mit NPD zu vergeben, muss man die Komplexität der Störung verstehen – wie narzisstisches Verhalten von tief sitzenden Unsicherheiten und einem verzerrten Selbstbild herrührt. Es geht darum, anzuerkennen, dass die Handlungen eines Narzissten oft eher seine inneren Kämpfe widerspiegeln als einen persönlichen Angriff auf uns. Diese Perspektive entschuldigt schädliches Verhalten nicht, sondern hilft uns, die zugefügten Wunden zu entpersönlichen.

Über die Vorteile von Vergebung und Loslassen sprechen

Die Vorteile von Vergebung und Loslassen sind tiefgreifend und vielschichtig. Emotional reduziert Vergebung Stress, Wut und Angst. Es öffnet die Tür zur Heilung, indem es uns ermöglicht, unsere Energie auf positives Wachstum umzulenken, anstatt in vergangenen Missständen zu verweilen. Körperlich kann das Loslassen von Bitterkeit den Blutdruck senken und die allgemeine Gesundheit verbessern.

Auf einer tieferen Ebene fördert das Verzeihen eines Narzissten oder sich selbst für Verhaltensweisen, die von narzisstischen Zügen angetrieben werden, Empathie und Mitgefühl. Es verlagert den Fokus von Schuld auf Verständnis und fördert emotionale Widerstandsfähigkeit und inneren Frieden. Es ist ein Schritt, um die persönliche Macht zurückzugewinnen und sich aus dem Kreislauf der Opferrolle zu befreien, der oft mit narzisstischen Beziehungen einhergeht.

Anleitung zur Hinwendung und zum Loslassen

Die Arbeit an der Vergebung beginnt mit Selbsterkenntnis und Akzeptanz. Es geht darum, die eigenen Emotionen – Wut, Verletzung, Verrat – zu erkennen und zu validieren, ohne sie zu verurteilen. Es ist wichtig, sich selbst die Erlaubnis zu geben, diese Emotionen vollständig zu fühlen, bevor man sich auf die Reise der Vergebung begibt.

Empathie gegenüber sich selbst und dem Narzissten zu üben, kann transformativ sein. Zu verstehen, dass jeder Mensch Verletzlichkeiten und Unvollkommenheiten hat, hilft dabei, die Erfahrung menschlicher zu machen. Das Setzen von Grenzen ist entscheidend, um die Selbstachtung zu wahren und das eigene emotionale Wohlbefinden zu schützen.

Selbstfürsorgepraktiken wie Achtsamkeit, Therapie und Tagebuchschreiben können helfen, Emotionen zu verarbeiten und Klarheit zu erlangen. Das Nachdenken über persönliches Wachstum und die daraus gewonnenen Erkenntnisse verschiebt den Fokus von der Opferrolle auf das Empowerment.

Letztendlich sind Vergebung und Loslassen fortlaufende Prozesse, keine einmaligen Ereignisse. Es ist normal, Rückschläge und Momente der Wut oder Traurigkeit zu haben. Geduld und Selbstmitgefühl sind der Schlüssel, um diese Komplexitäten zu bewältigen und Heilung anzunehmen.

Vergebung und Loslassen sind transformative Akte der Selbstliebe und des Empowerments. Sie befreien uns von den Ketten des Grolls und des Schmerzes, ermöglichen es uns, unsere emotionale Freiheit zurückzugewinnen und einen Weg zur Heilung und authentischen Selbstfindung nach narzisstischen Beziehungen zu finden.

Wiederaufbau von Selbstwertgefühl und Selbstvertrauen

Der Wiederaufbau von Selbstwertgefühl und Selbstvertrauen nach narzisstischen Beziehungen kann eine herausfordernde, aber transformative Reise sein. Es beginnt damit, zu verstehen, dass dein Selbstwert nicht durch die Bestätigung oder Anerkennung anderer definiert wird, insbesondere nicht von Narzissten, die davon leben, ihr Selbstvertrauen zu untergraben. Stattdessen geht es darum, dein Wertgefühl zurückzugewinnen und von innen heraus wieder aufzubauen.

Eine effektive Strategie besteht darin, sich auf Ihre Stärken und Leistungen zu konzentrieren. Denke über Momente in deinem Leben nach, in denen du dich fähig und erfüllt gefühlt hast, unabhängig von der Negativität, mit der du konfrontiert warst. Feiern Sie diese Erfolge, auch wenn sie auf den ersten Blick noch so klein erscheinen mögen. Diese Praxis hilft dabei, deine Selbstwahrnehmung allmählich von einer von Kritik beeinflussten zu einer Selbstbestätigung zu verändern, die in der Selbstbestätigung verwurzelt ist.

Darüber hinaus sind die Förderung von Selbstfürsorge und Selbstmitgefühl entscheidende Aspekte dieses Heilungsprozesses. Bei der Selbstfürsorge geht es darum, Ihr körperliches, emotionales und geistiges Wohlbefinden in den Vordergrund zu stellen. Es könnte so einfach sein wie die Etablierung einer täglichen Routine, die Bewegung, nahrhafte Mahlzeiten und ausreichend Ruhe umfasst. Auch Aktivitäten, die Freude und Entspannung bringen, sei es Lesen, Gartenarbeit oder Zeit mit den Lieben verbringen, können Ihren Geist wieder auffrischen.

Genauso wichtig ist es, Selbstmitgefühl zu üben, was bedeutet, sich selbst mit der gleichen Freundlichkeit und dem gleichen Verständnis zu behandeln, das du einem Freund entgegenbringen würdest, der vor ähnlichen Herausforderungen steht. Es geht darum, deinen Schmerz und deine Kämpfe ohne Urteil anzuerkennen und Unvollkommenheiten als Teil deiner einzigartigen Reise anzunehmen. Diese mitfühlende Denkweise fördert die Resilienz und hilft dabei, allmählich wieder ein positiveres Selbstbild aufzubauen.

Negative Selbstgespräche und Überzeugungen in Frage zu stellen, ist ein weiterer entscheidender Schritt zum Wiederaufbau des Selbstwertgefühls. Oft verinnerlichen Menschen nach dem erlittenen narzisstischen Missbrauch schädliche Botschaften über ihren Wert und ihre Fähigkeiten. Um diese negativen Muster zu erkennen, müssen Sie sich Ihres inneren Dialogs bewusst werden. Wenn selbstkritische Gedanken aufkommen, hinterfrage bewusst deren Gültigkeit. Beruhen sie auf Fakten oder auf verzerrten Wahrnehmungen, die durch vergangene Erfahrungen auferlegt wurden?

Indem du diese Überzeugungen in Frage stellst, öffnest du Raum für ausgewogenere und ermächtigendere Erzählungen über dich selbst. Es geht darum, Rückschläge als Wachstumschancen neu zu deuten und Ihre Stärken und Leistungen anzuerkennen. Sich mit unterstützenden und bestätigenden Personen zu umgeben, kann auch ein

Realitätscheck gegen verzerrte Selbstwahrnehmungen sein, positive Affirmationen verstärken und Ihnen helfen, das Vertrauen in Ihr eigenes Urteilsvermögen zurückzugewinnen.

Im Wesentlichen beinhaltet der Wiederaufbau von Selbstwertgefühl und Selbstvertrauen nach narzisstischen Beziehungen eine Reise der Selbstfindung und Selbstakzeptanz. Es geht darum, deine Erzählung zurückzugewinnen, deinen inhärenten Wert anzunehmen und eine mitfühlende Beziehung zu dir selbst zu pflegen. Durch Strategien wie das Feiern von Erfolgen, das Üben von Selbstfürsorge und Selbstmitgefühl und das Hinterfragen negativer Selbstgespräche ebnest du den Weg zur Heilung und schmiedest ein stärkeres, widerstandsfähigeres Selbstgefühl.

Teil 5

Persönliches Wachstum und Entwicklung

Die Entwicklung einer wachstumsorientierten Denkweise ist entscheidend, um die Komplexität der narzisstischen Persönlichkeitsstörung (NPD) zu bewältigen, unabhängig davon, ob Sie es mit sich selbst oder jemand anderem zu tun haben. Im Kern geht es bei einer wachstumsorientierten Denkweise darum, sich die Überzeugung zu eigen zu machen, dass Fähigkeiten und Intelligenz durch Hingabe und harte Arbeit entwickelt werden können. Dem gegenüber steht eine starre Denkweise, die Fähigkeiten als angeboren und unveränderlich ansieht.

Die Vorteile einer wachstumsorientierten Denkweise sind tiefgreifend. Es befähigt den Einzelnen, Herausforderungen als Wachstumschancen und nicht als Hindernisse zu betrachten. Durch das Verständnis, dass Misserfolge und Rückschläge Teil des Lernprozesses sind, sind Menschen mit einer wachstumsorientierten Denkweise widerstandsfähiger gegenüber Widrigkeiten. Diese Resilienz ist der Schlüssel zum Umgang mit den emotionalen Herausforderungen, die oft mit Interaktionen mit Menschen einhergehen, die narzisstische Züge aufweisen.

Um eine wachstumsorientierte Denkweise zu kultivieren, können mehrere Strategien unglaublich effektiv sein. An erster Stelle steht die Praxis der Selbstwahrnehmung und Selbstreflexion. Indem Sie Ihre Gedanken und Überzeugungen über Ihre Fähigkeiten aktiv überwachen, können Sie alle Tendenzen zur festen Denkweise erkennen und in Frage stellen. Dazu gehört, dass du auf deinen inneren Dialog achtest und negative Gedanken in Lern- und Verbesserungsmöglichkeiten umrahmst.

Eine andere Strategie besteht darin, die Liebe zum Lernen zu umarmen. Nehmen Sie an Aktivitäten teil, die Ihre Fähigkeiten erweitern und Sie herausfordern, neue Fähigkeiten zu erlernen. Dies kann durch formale Bildung, Hobbys oder sogar die Bewältigung neuer Projekte bei der Arbeit geschehen. Der Schlüssel liegt darin, sich diesen Unternehmungen mit Neugier und Offenheit für den Erwerb neuer Kenntnisse und Erfahrungen zu nähern.

Darüber hinaus ist es von entscheidender Bedeutung, die Widerstandsfähigkeit gegenüber Rückschlägen zu fördern. Verstehe, dass Rückschläge keine Indikatoren für deinen inhärenten Wert oder deine Fähigkeiten sind, sondern vielmehr Möglichkeiten, zu lernen und stärker zu werden. Dieser Perspektivenwechsel kann dazu beitragen, die Auswirkungen negativer Interaktionen mit Personen mit narzisstischem Verhalten zu mildern, sodass Sie sich auf Ihr persönliches Wachstum konzentrieren können, anstatt sich in Gefühlen der Unzulänglichkeit oder Frustration zu verlieren.

Im Kontext des persönlichen Wachstums und der persönlichen Entwicklung kann eine wachstumsorientierte Denkweise transformativ sein. Es fördert die kontinuierliche Selbstverbesserung und einen proaktiven Ansatz zur Bewältigung von Herausforderungen. Indem der Einzelne jede Erfahrung als Chance zum Lernen und zur Entwicklung betrachtet, kann er ein tieferes Gefühl der Erfüllung und des Sinns in seinem Leben entwickeln.

Darüber hinaus fördert eine wachstumsorientierte Denkweise ein Gefühl der Handlungsfähigkeit und des Empowerments. Anstatt sich angesichts schwieriger Umstände machtlos zu fühlen, übernehmen Menschen mit einer wachstumsorientierten Denkweise die Verantwortung für ihre Handlungen und Entscheidungen. Diese proaktive Haltung kann besonders vorteilhaft sein, wenn es um Beziehungen geht, die von narzisstischen Zügen betroffen sind, da sie gesündere Grenzen und Kommunikationsstrategien fördert.

Letztendlich geht es bei der Entwicklung einer wachstumsorientierten Denkweise nicht nur darum, kognitive oder berufliche Fähigkeiten zu verbessern. Es geht darum, eine belastbare und anpassungsfähige Denkweise zu kultivieren, die das allgemeine Wohlbefinden steigert. Indem Sie den Glauben an Ihre Fähigkeit zu Wachstum und Entwicklung annehmen, können Sie die Herausforderungen der narzisstischen Persönlichkeitsstörung mit größerer Widerstandsfähigkeit, Empathie und persönlicher Einsicht bewältigen. Dieser Weg zu einer wachstumsorientierten Denkweise ist nicht immer einfach, aber er ist zweifellos transformativ und führt zu mehr Selbstbewusstsein, emotionaler Intelligenz und Erfüllung auf dem Lebensweg.

Aufbau emotionaler Resilienz

Der Aufbau emotionaler Resilienz ist entscheidend, um die Komplexität von Beziehungen zu bewältigen, die von einer narzisstischen Persönlichkeitsstörung (NPD) betroffen sind. Es dient als grundlegende Fähigkeit, die nicht nur bei der Bewältigung von Herausforderungen hilft, sondern auch das persönliche Wachstum und die Entwicklung fördert. Im Kern befähigt emotionale Resilienz den Einzelnen, sich von Widrigkeiten zu erholen, das psychische Wohlbefinden zu bewahren und gesündere Beziehungen zu pflegen.

Emotionale Resilienz ist von entscheidender Bedeutung, da sie als Schutzschild gegen die emotionalen Turbulenzen wirkt, die oft mit NPD-Dynamiken verbunden sind. Im Umgang mit narzisstischen Personen, die Eigenschaften wie Manipulation, Gaslighting oder emotionale Sprunghaftigkeit aufweisen können, hilft emotionale Widerstandsfähigkeit, das Selbstwertgefühl und die Stabilität zu erhalten. Es ermöglicht dem Einzelnen, seine eigenen Emotionen effektiv zu erkennen und zu bewältigen und so die Auswirkungen negativer Interaktionen zu reduzieren.

Es gibt verschiedene Strategien, die beim Aufbau emotionaler Widerstandsfähigkeit helfen können. An erster Stelle steht die Selbstwahrnehmung – das Verständnis der eigenen Emotionen, Auslöser und Reaktionen. Dieses Bewusstsein bildet die Grundlage für die Entwicklung gesünderer Bewältigungsmechanismen und Grenzen. Klare Grenzen zu setzen ist im Umgang mit narzisstischen Persönlichkeiten unerlässlich, da es hilft, den eigenen emotionalen Raum zu schützen und Manipulationen zu verhindern. Das Üben von Achtsamkeit und Meditation kann auch die Resilienz stärken, indem es eine ruhige und zentrierte Denkweise fördert, die bei stressigen Interaktionen von entscheidender Bedeutung ist.

Darüber hinaus bietet der Aufbau eines starken Unterstützungsnetzwerks von Freunden, Familie oder Therapeuten eine unschätzbare emotionale Unterstützung und Bestätigung. Diese Beziehungen bieten einen sicheren Raum, um Erfahrungen zu verarbeiten und Perspektiven zu gewinnen, was die eigene Resilienz stärkt. Die Teilnahme an Aktivitäten, die die Selbstfürsorge und den Stressabbau fördern, wie z. B. Sport, Hobbys oder kreative Aktivitäten, verbessert das emotionale Wohlbefinden und die Widerstandsfähigkeit weiter.

Emotionale Resilienz befähigt den Einzelnen, mit Herausforderungen und Rückschlägen konstruktiv umzugehen. Wenn Resilienz mit narzisstischem Verhalten konfrontiert wird, ermöglicht Resilienz dem Einzelnen, sein Identitätsgefühl und sein Selbstwertgefühl zu bewahren, trotz der Versuche, diese zu untergraben. Es fördert die Anpassungsfähigkeit und Flexibilität beim Navigieren in schwierigen Beziehungen und ermöglicht es dem Einzelnen, seine Bedürfnisse durchsetzungsfähig durchzusetzen und gleichzeitig einfühlsam und mitfühlend zu bleiben.

Darüber hinaus fördert emotionale Resilienz das Wachstum und das Lernen aus Erfahrungen mit narzisstischen Persönlichkeiten. Es erleichtert die Entwicklung von Durchsetzungsvermögen, effektiven Kommunikationsstrategien und Konfliktlösungsfähigkeiten. Indem Individuen Rückschläge als Chancen für persönliches Wachstum neu definieren, können sie herausfordernde Interaktionen in Katalysatoren für Selbstverbesserung und Selbstbestimmung verwandeln.

Es befähigt den Einzelnen, sein emotionales Wohlbefinden zu wahren, Grenzen zu setzen und herausfordernde Beziehungen mit größerer Leichtigkeit und Selbstvertrauen zu meistern. Durch die Förderung des Selbstbewusstseins, die Pflege unterstützender Beziehungen und die Praxis der Selbstfürsorge können Einzelpersonen die Widerstandsfähigkeit entwickeln, die erforderlich ist, um trotz der Herausforderungen, die narzisstisches Verhalten mit sich bringt, erfolgreich zu sein. Emotionale Resilienz stärkt nicht nur die eigene Bewältigungsfähigkeit, sondern erleichtert auch das persönliche Wachstum und fördert langfristig gesündere, erfüllendere Beziehungen.

Empathie und Mitgefühl kultivieren

Empathie und Mitgefühl sind nicht nur Tugenden; Sie sind unverzichtbare Werkzeuge, um sich in der komplexen Dynamik von Beziehungen zurechtzufinden, die von einer narzisstischen Persönlichkeitsstörung (NPD) betroffen sind. Ihre Bedeutung zu verstehen, geht über bloßes Mitgefühl hinaus – es geht darum, sich tief mit den Erfahrungen anderer zu verbinden, ihre Emotionen zu bestätigen und echtes Verständnis zu fördern.

Empathie bildet den Grundstein der emotionalen Intelligenz. Es ermöglicht uns, in die Schuhe einer anderen Person zu schlüpfen und die Welt mit ihren Augen zu sehen. Im Zusammenhang mit NPD, in dem der Einzelne selbst mit Empathie zu kämpfen hat, wird die Kultivierung dieser Eigenschaft sowohl für das persönliche Wachstum als auch für das Beziehungsmanagement von entscheidender Bedeutung. Indem wir uns auf die Gefühle anderer einstimmen, bauen wir nicht nur stärkere Verbindungen auf, sondern gewinnen auch Einblicke in ihre Perspektiven und Bedürfnisse.

Mitgefühl ergänzt Empathie, indem es uns motiviert, auch in herausfordernden Situationen mit Freundlichkeit und Verständnis zu handeln. Es geht darum, das Leid zu erkennen, sei es das eigene oder das anderer und mit Fürsorge und Unterstützung zu reagieren. Für diejenigen, die mit NPD zu tun haben, bedeutet Mitgefühl nicht zu entschuldigen, schädliches Verhalten zu entschuldigen, sondern Interaktionen mit Geduld und Einfühlungsvermögen anzugehen.

Um Empathie und Mitgefühl zu kultivieren, beginnen Sie mit Selbsterkenntnis. Reflektieren Sie Ihre eigenen Emotionen und Reaktionen. Üben Sie aktives Zuhören – schenken Sie anderen volle Aufmerksamkeit, ohne sie zu verurteilen oder zu unterbrechen. Bestätige ihre Gefühle, indem du ihre Erfahrungen anerkennst, ohne sofort zu versuchen, sie zu korrigieren oder abzulehnen. Dies bestätigt ihre Emotionen und fördert das Vertrauen.

Eine andere Strategie beinhaltet Übungen zur Perspektivenübernahme. Stell dir vor, wie sich jemand anderes in einer bestimmten Situation fühlen könnte. Diese Übung hilft Ihnen, Ihr Verständnis für verschiedene Standpunkte zu erweitern und das Einfühlungsvermögen in Interaktionen zu verbessern. Achtsamkeitstechniken wie Meditation können auch das Mitgefühl stärken, indem sie ein nicht wertendes Bewusstsein für die eigenen und die Emotionen anderer fördern.

In Beziehungen, die von NPD betroffen sind, können Empathie und Mitgefühl transformativ sein. Sie schaffen einen sicheren Raum für ehrliche Kommunikation und gegenseitigen Respekt und fördern eine gesündere Dynamik. Wenn sich jemand mit NPD verstanden und wertgeschätzt fühlt, ist er möglicherweise offener dafür, die Perspektiven anderer zu berücksichtigen und auf konstruktive Lösungen hinzuarbeiten.

Darüber hinaus steigert das Üben von Empathie und Mitgefühl das allgemeine Wohlbefinden. Es baut Stress ab, verbessert die psychische Gesundheit und fördert die emotionale

Widerstandsfähigkeit. Durch die Kultivierung dieser Qualitäten verbessert der Einzelne nicht nur sein eigenes Leben, sondern trägt auch positiv zum Leben der Menschen um ihn herum bei.

Empathie und Mitgefühl sind mächtige Werkzeuge, um Beziehungen zu navigieren, die von einer narzisstischen Persönlichkeitsstörung betroffen sind. Sie ermöglichen tiefere Verbindungen, fördern das Verständnis und fördern das Wachstum von Einzelpersonen und Beziehungen. Durch die Priorisierung dieser Qualitäten können Individuen eine gesündere Dynamik kultivieren und ihr allgemeines Wohlbefinden steigern, was den Weg für erfüllendere und mitfühlendere Interaktionen ebnet.

Verbesserung der Kommunikationsfähigkeiten

Die Verbesserung der Kommunikationsfähigkeiten im Zusammenhang mit dem Umgang mit narzisstischer Persönlichkeitsstörung (NPD) ist entscheidend für die Förderung eines gesünderen Umgangs und des persönlichen Wachstums. Effektive Kommunikation bildet das Fundament aller Beziehungen, aber sie gewinnt an Bedeutung, wenn es darum geht, die Komplexität von NPD zu bewältigen.

Im Kern geht es bei effektiver Kommunikation um mehr als nur um die Übermittlung von Informationen. Es geht darum, Verständnis, Empathie und Verbundenheit zu fördern. Im Umgang mit jemandem mit NPD wird dies aufgrund seiner Neigung zu Manipulation, Abwehrhaltung oder mangelnder Empathie besonders schwierig. Die Verbesserung der eigenen Kommunikationsfähigkeiten kann jedoch die Dynamik dieser Interaktionen erheblich verändern.

Eine der Schlüsselstrategien zur Verbesserung der Kommunikation ist das aktive Zuhören. Das bedeutet, nicht nur Worte zu hören, sondern auch ihre zugrunde liegenden Bedeutungen und Emotionen zu verstehen. Für jemanden mit NPD, der Schwierigkeiten hat, Verletzlichkeit auszudrücken oder die Perspektiven anderer zu verstehen, kann aktives Zuhören Barrieren abbauen. Es geht darum, aufmerksam zu sein, zu paraphrasieren, um Verständnis zu gewährleisten, und sich in ihre Gefühle einzufühlen, auch wenn Sie mit ihrem Standpunkt nicht einverstanden sind.

Ein weiterer kritischer Aspekt ist das Durchsetzungsvermögen. Durchsetzungsfähige Kommunikation schafft ein Gleichgewicht zwischen

Passivität und Aggression. Es geht darum, Ihre Gedanken, Gefühle und Bedürfnisse klar und respektvoll auszudrücken und gleichzeitig anderen zuzuhören. Im Umgang mit jemandem mit NPD kann Durchsetzungsvermögen Manipulation oder Ausbeutung verhindern und gleichzeitig Grenzen und Selbstachtung wahren.

Darüber hinaus kann die Verbesserung der nonverbalen Kommunikation die Interaktionen verbessern. Nonverbale Hinweise wie Mimik, Körpersprache und Tonfall vermitteln oft mehr als Worte allein. Wenn Sie auf diese Hinweise achten, kann dies hilfreich sein, Gespräche mit jemandem mit NPD zu führen, der die verbale Kommunikation möglicherweise falsch interpretiert oder missachtet.

Die Auswirkungen einer effektiven Kommunikation auf Beziehungen können nicht hoch genug eingeschätzt werden. Sie fördert Vertrauen, fördert den gegenseitigen Respekt und stärkt die emotionalen Bindungen. Im Zusammenhang mit NPD, wo Beziehungen oft unter Vertrauensproblemen oder emotionaler Manipulation leiden, kann effektive Kommunikation transformativ sein. Es fördert gesündere Interaktionsmuster, reduziert Konflikte und fördert ein unterstützendes Umfeld, in dem sich beide Parteien gehört und wertgeschätzt fühlen.

Darüber hinaus trägt eine effektive Kommunikation zum allgemeinen Wohlbefinden bei. Es reduziert Stress, indem es Missverständnisse frühzeitig ausräumt, verbessert die Problemlösungskompetenz durch die Förderung eines offenen Dialogs und fördert die emotionale Widerstandsfähigkeit. Für Menschen, die mit NPD zu tun haben, kann die Entwicklung dieser Fähigkeiten zu einem größeren Selbstbewusstsein und Selbstvertrauen im Umgang mit schwierigen Beziehungen führen.

Während die Verbesserung der Kommunikationsfähigkeiten Anstrengung und Übung erfordert, sind ihre Vorteile im Umgang mit narzisstischen Persönlichkeitsstörungen tiefgreifend. Durch aktives Zuhören, respektvolles Selbstbehaupten und Achtsamkeit gegenüber nonverbalen Hinweisen können Einzelpersonen Interaktionen effektiver steuern. Dies verbessert nicht nur die Beziehungen, sondern fördert auch das persönliche Wachstum und das emotionale Wohlbefinden, was letztendlich zu gesünderen und erfüllenderen Verbindungen sowohl im persönlichen als auch im beruflichen Bereich führt.

Gesunde Grenzen setzen

Gesunde Grenzen zu setzen ist nicht nur eine praktische Fähigkeit; Es ist ein Eckpfeiler des emotionalen Wohlbefindens, insbesondere wenn es um Beziehungen geht, die von einer narzisstischen Persönlichkeitsstörung (NPD) betroffen sind. Grenzen fungieren als Leitplanken, die definieren, wo wir aufhören und wo andere anfangen, und unseren emotionalen und mentalen Raum schützen. Es ist von entscheidender Bedeutung, ihre Bedeutung zu verstehen. Ohne Grenzen riskieren wir emotionale Erschöpfung, Groll und Verwirrung über unsere eigenen Bedürfnisse und Grenzen.

Stellen Sie sich Grenzen als die Zäune um unsere emotionalen Gärten vor. Sie schützen unser Selbstwertgefühl und verhindern, dass andere unsere Gefühle mit Füßen treten oder unsere Verletzlichkeit ausnutzen. Für diejenigen, die mit NPD zu tun haben, werden Grenzen noch wichtiger. Menschen mit NPD verwischen oft die Grenzen und versuchen, Gespräche zu dominieren, Emotionen zu manipulieren oder die Bedürfnisse anderer zu missachten. Klare Grenzen zu setzen wird zu einer Form des Selbstschutzes, die es uns ermöglicht, unsere Bedürfnisse fest durchzusetzen und unser Identitätsgefühl zu bewahren.

Um gesunde Grenzen zu setzen, beginnen Sie mit der Selbsterkenntnis. Identifiziere deine Grenzen, was dir unangenehm ist und wo du dich emotional ausgelaugt fühlst. Diese Selbstreflexion schafft die Voraussetzungen für eine klare Kommunikation. Drücke deine Grenzen selbstbewusst, aber respektvoll aus. Verwende "Ich"-Aussagen, um zu vermitteln, wie sich bestimmte Verhaltensweisen auf dich persönlich auswirken. Zum Beispiel: "Ich fühle mich überwältigt, wenn du mich ständig kritisierst" behauptet deine Grenze, ohne die andere Person anzugreifen.

Konsistenz ist der Schlüssel zum Setzen von Grenzen. Menschen mit NPD können Grenzen austesten und Grenzen überschreiten, um die Kontrolle zu behalten. Bleiben Sie standhaft und konsequent bei der Durchsetzung Ihrer Grenzen. Es geht nicht darum, starr zu sein, sondern darum, deine emotionalen Bedürfnisse und deinen Selbstrespekt zu respektieren. Verstehe, dass es beim Setzen von Grenzen nicht darum geht, andere zu verändern; Es geht darum, sich selbst zu befähigen, anders auf ihr Verhalten zu reagieren.

Gesunde Grenzen verändern Beziehungen. Sie fördern gegenseitigen Respekt und Vertrauen, klären Erwartungen und reduzieren Konflikte. In Beziehungen, die von NPD betroffen sind, schaffen

Grenzen einen sicheren Raum, in dem du interagieren kannst, ohne dich manipuliert oder entwertet zu fühlen. Sie ermöglichen es Ihnen, Ihr emotionales Wohlbefinden ohne Schuldgefühle zu priorisieren und Ihre Widerstandsfähigkeit und Ihre Fähigkeit, mit herausfordernden Interaktionen umzugehen, zu verbessern.

Über Beziehungen hinaus steigern gesunde Grenzen das allgemeine Wohlbefinden. Sie fördern die Selbstfürsorge, indem sie Burnout vorbeugen und eine gesündere Entscheidungsfindung fördern. Wenn wir unsere Grenzen respektieren, kultivieren wir Selbstachtung und Widerstandsfähigkeit, wesentliche Eigenschaften, um die Herausforderungen des Lebens zu meistern. Grenzen ermutigen uns, unsere Bedürfnisse zu priorisieren und ein ausgewogenes Leben zu führen, in dem unsere emotionale und geistige Gesundheit gedeiht.

Im Wesentlichen ist das Setzen gesunder Grenzen ein tiefgreifender Akt des Selbstmitgefühls. Es geht darum, sich selbst genug wertzuschätzen, um seine emotionale Landschaft zu schützen, selbst angesichts schwieriger Persönlichkeiten wie denen mit NPD. Indem du Grenzen akzeptierst, forderst du deine Macht zurück, deine Beziehungen zu gestalten und deine emotionale Integrität zu wahren.

Denken Sie daran, Grenzen sind keine Mauern; Sie sind Brücken, die gesündere, authentischere Verbindungen zu anderen fördern und gleichzeitig Ihr eigenes Wohlbefinden schützen.

Teil 6

Effektive Kommunikation und Konfliktlösung

Aktives Zuhören ist nicht nur eine passive Aktivität; Es ist ein mächtiges Werkzeug, das die Art und Weise, wie wir mit anderen in Kontakt treten, verändern kann, insbesondere in Beziehungen, die von narzisstischen Persönlichkeitsmerkmalen geprägt sind. Indem wir uns wirklich auf das einstellen, was jemand sagt, ohne zu urteilen oder zu unterbrechen, zeigen wir Respekt und bestätigen seine Gefühle. Diese Bestätigung ist entscheidend, da sich Menschen mit narzisstischen Tendenzen oft missverstanden oder ignoriert fühlen, was zu eskalierten Konflikten führt.

Wenn wir aktiv zuhören, zeigen wir Empathie und Verständnis. Es geht nicht nur darum, die gesprochenen Worte zu hören, sondern auch die zugrunde liegenden Emotionen und Absichten zu erfassen. Diese Fähigkeit ist grundlegend für den Umgang mit narzisstischen Personen, bei denen Kommunikationsabbrüche aufgrund ihrer Sensibilität für Kritik und ihres Bedürfnisses nach Bestätigung häufig sind.

Effektive Kommunikationsstrategien ergänzen aktives Zuhören, indem sie einen klareren Austausch fördern und Missverständnisse minimieren. Erstens kann die Verwendung von "Ich"-Aussagen anstelle von anklagenden "Du"-Aussagen Spannungen abbauen. Zum Beispiel zu sagen: "Ich fühle mich verletzt, wenn..." statt "Du lässt mich immer fühlen..." verlagert den Fokus auf persönliche Gefühle und nicht auf Schuldzuweisungen und fördert einen konstruktiveren Dialog.

Eine andere Strategie besteht darin, das, was die andere Person gesagt hat, zu paraphrasieren und zusammenzufassen, um gegenseitiges Verständnis zu gewährleisten. Dies verdeutlicht nicht nur die Botschaft, sondern zeigt auch, dass ihre Worte gehört und verarbeitet wurden. Bei narzisstischen Persönlichkeiten, die Schwierigkeiten haben, die

Perspektiven anderer anzuerkennen, kann diese Technik besonders wertvoll sein, um die Empathielücke zu schließen.

Darüber hinaus kann das Festlegen klarer Grenzen und Erwartungen im Vorfeld eine Eskalation von Konflikten verhindern. Indem sie ruhig Grenzen setzen und gemeinsame Ziele besprechen, können sich beide Parteien respektiert und gehört fühlen. Dieser proaktive Ansatz verringert die Wahrscheinlichkeit von Missverständnissen und unterstreicht die Bedeutung des gegenseitigen Respekts in der Kommunikation.

Aktives Zuhören und effektive Kommunikation sind transformativ bei der Verbesserung von Beziehungen und der Lösung von Konflikten, insbesondere im Umgang mit narzisstischen Zügen. Durch aktives Zuhören schaffen wir ein Umfeld, in dem sich der Einzelne sicher fühlt, sich auszudrücken, und reduziert die Notwendigkeit von Abwehrverhaltensweisen, die oft bei narzisstischen Reaktionen zu sehen sind. Dieser Prozess schafft Vertrauen und stärkt emotionale Bindungen, wodurch im Laufe der Zeit gesündere Interaktionen gefördert werden.

Darüber hinaus fördern diese Praktiken gegenseitiges Einfühlungsvermögen und Verständnis, wesentliche Bestandteile für einen konstruktiven Umgang mit Konflikten. Wenn beide Parteien aktiv zuhören, ist es weniger wahrscheinlich, dass Konflikte zu hitzigen Auseinandersetzungen oder emotionalem Rückzug eskalieren. Stattdessen werden sie zu Gelegenheiten für Wachstum und Kompromisse, bei denen die Bedürfnisse und Perspektiven jedes Einzelnen anerkannt und respektiert werden.

In Beziehungen, die von narzisstischen Dynamiken geprägt sind, bieten aktives Zuhören und effektive Kommunikation einen Weg zu Heilung und Versöhnung. Sie bieten einen Rahmen, um die zugrunde liegenden Probleme anzugehen und gesündere Interaktionsmuster zu entwickeln. Indem der Einzelne sich auf Verständnis statt auf Schuldzuweisungen konzentriert, kann er Herausforderungen mit größerem Einfühlungsvermögen und Geduld meistern und so Resilienz und gegenseitigen Respekt fördern.

Was ich damit sagen will, ist, dass die Beherrschung dieser Fähigkeiten Übung und Engagement von beiden Beteiligten erfordert. Es geht darum, eine Haltung der Offenheit und Empfänglichkeit zu kultivieren, auch angesichts schwieriger Emotionen oder vergangener Konflikte. Indem sie aktives Zuhören und effektive Kommunikation in den Vordergrund stellen, können Einzelpersonen erfüllendere Beziehungen aufbauen, die auf gegenseitigem Verständnis und Unterstützung basieren. Dieser Ansatz steigert nicht nur das persönliche Wohlbefinden, sondern trägt auch zu einem harmonischeren und einfühlsameren sozialen Umfeld bei.

Strategien zur Konfliktlösung

Konfliktlösung ist nicht nur eine Fähigkeit; Es ist ein wichtiges Werkzeug, um gesunde Beziehungen zu pflegen und das persönliche Wohlbefinden zu fördern, insbesondere wenn es um die Komplexität der narzisstischen Persönlichkeitsstörung geht. Im Kern geht es bei der Konfliktlösung darum, inmitten von Unterschieden und Spannungen gegenseitiges Verständnis und Einigung zu finden. Es ist die Kunst, durch Meinungsverschiedenheiten zu navigieren, ohne in schädliche Konfrontationen zu eskalieren.

Stell dir ein Szenario vor, in dem du es mit einem Freund oder Partner zu tun hast, der Züge von Narzissmus aufweist. Sie suchen vielleicht ständig nach Bestätigung, verwerfen deine Gefühle oder manipulieren Situationen, um die Kontrolle zu behalten. In solchen Fällen kann es häufig zu Konflikten kommen, die beide Parteien oft emotional erschöpfen. Hier wird die Konfliktlösung unerlässlich. Es ermöglicht Ihnen, Probleme ruhig und durchsetzungsfähig anzugehen, ohne in die Falle emotionaler Manipulation oder Machtkämpfe zu tappen.

Eine der grundlegenden Strategien der Konfliktlösung beinhaltet aktives Zuhören und Empathie. Anstatt sofort auf Provokationen oder Manipulationen zu reagieren, halten Sie inne, hören aufmerksam auf die zugrunde liegenden Bedenken und erkennen die damit verbundenen Emotionen an. Dieser Ansatz deeskaliert nicht nur die Spannung, sondern bestätigt auch die Gefühle der anderen Person, was im Umgang mit narzisstischen Tendenzen entscheidend ist.

Eine weitere effektive Strategie ist das Setzen klarer Grenzen und Erwartungen. Menschen mit narzisstischen Zügen überschreiten oft Grenzen und missachten die Bedürfnisse anderer. Indem Sie Ihre Grenzen und Erwartungen frühzeitig klar kommunizieren, schaffen Sie einen Rahmen für einen respektvollen Umgang. Du könntest zum Beispiel ruhig behaupten: "Ich verstehe deine Sichtweise, aber ich brauche dich, um meine Grenzen in dieser Situation zu respektieren."

Darüber hinaus spielen Kompromisse und Verhandlungen eine wichtige Rolle bei der

Konfliktlösung. Gemeinsamkeiten zu finden und Win-Win-Lösungen zu suchen, kann Konflikte entschärfen und Vertrauen aufbauen. Wenn zum Beispiel eine narzisstische Person darauf besteht, ihren Willen durchzusetzen, können Sie alternative Lösungen vorschlagen, die den Bedürfnissen beider Parteien entsprechen und ein Gefühl der Zusammenarbeit statt des Wettbewerbs fördern.

Die Bedeutung der Konfliktlösung geht über die Beilegung unmittelbarer Streitigkeiten hinaus. Es legt den Grundstein für gesündere, nachhaltigere Beziehungen. Indem Sie Konflikte offen und konstruktiv ansprechen, pflegen Sie im Laufe der Zeit gegenseitigen Respekt und Vertrauen. Dieser Ansatz stärkt nicht nur die persönlichen Bindungen, sondern steigert auch das allgemeine emotionale Wohlbefinden.

Stellen Sie sich ein Paar vor, das durch die Herausforderungen der narzisstischen Neigungen eines Partners navigiert. Durch effektive Konfliktlösung lernen sie, offener über ihre Bedürfnisse und Sorgen zu kommunizieren. Sie entwickeln Strategien, um Konflikte gelassen anzugehen, ohne auf Schuldzuweisungen oder Manipulationen zurückzugreifen. Im Laufe der Zeit fördert diese Praxis ein tieferes Verständnis und eine tiefere Wertschätzung für die Perspektiven des anderen und stärkt letztendlich ihre Bindung.

In breiteren gesellschaftlichen Zusammenhängen fördert die Konfliktlösung Harmonie und Kooperation. Ob in der Familiendynamik, am Arbeitsplatz oder im Umgang mit der Gemeinschaft, die Fähigkeit, Konflikte konstruktiv zu lösen, reduziert Stress und fördert eine positive Atmosphäre. Es ermutigt den Einzelnen, seine Standpunkte respektvoll zu äußern und auf gemeinsame Ziele hinzuarbeiten.

Deeskalationstechniken

Deeskalationstechniken sind nicht nur Werkzeuge in einem Konfliktlösungsinstrumentarium; Sie sind Rettungsanker in den turbulenten Gewässern der Beziehungen, insbesondere wenn es darum geht, die Komplexität der narzisstischen Persönlichkeitsstörung (NPD) zu bewältigen. Stellen Sie sich ein Szenario vor, in dem die Spannungen zunehmen, die Stimmen lauter werden und die Emotionen aufflammen – eine vertraute Szene für jeden, der mit NPD-Merkmalen zu tun hat, sei es bei sich selbst oder bei anderen. In diesen Momenten wird die Fähigkeit zur Deeskalation entscheidend, ähnlich wie das Steuern eines Schiffes von einer stürmischen See in ruhigere Gewässer.

Nehmen wir Sarah und Alex, ein Paar, das sich mit Alex' Neigungen zum Narzissmus auseinandersetzt. Sarah findet sich oft in Alex' Strudel aus egozentrischen Forderungen und explosiven Reaktionen wieder. Eines Abends löst eine scheinbar unschuldige Bemerkung über die Hausarbeit Alex' Zorn aus. Als Sarah spürt, wie die Spannung steigt, wendet sie eine einfache, aber effektive Deeskalationstechnik an: tiefes Atmen und aktives Zuhören. Anstatt defensiv zu reagieren, hört sie aufmerksam zu und erkennt Alex' Frustration an, ohne sich in den Konflikt einzumischen. Allmählich lässt Alex' Wut nach und wird durch einen rationaleren Dialog ersetzt.

Die Bedeutung solcher Techniken liegt nicht nur darin, unmittelbare Konflikte zu entschärfen, sondern auch in der Förderung gesünderer, widerstandsfähigerer Beziehungen. Indem sie ruhig und einfühlsam bleibt, verhindert Sarah nicht nur, dass der Streit eskaliert, sondern öffnet auch einen Weg zum gegenseitigen Verständnis. Dieser Ansatz verschiebt die Dynamik von der Konfrontation hin zur Zusammenarbeit, bei der sich beide Parteien gehört und respektiert fühlen.

Die Strategien zur Deeskalation sind vielfältig und darauf zugeschnitten, potenziell explosive Situationen mit Anmut und Wirksamkeit zu entschärfen. Eine effektive Strategie ist die Verwendung von "Ich"-Aussagen – Gefühle und Bedenken auszudrücken, ohne sie zu beschuldigen oder zu beschuldigen. Zum Beispiel, wenn du sagst: "Ich fühle mich überwältigt, wenn..." anstatt "Du immer..." verlagert den Fokus vom Angriff auf die persönliche Erfahrung und lädt eher zu Empathie als zu Abwehr ein.

Eine weitere wirkungsvolle Technik besteht darin, die Emotionen anzuerkennen, die im Spiel sind. In der Hitze des Gefechts kann die Bestätigung der

Gefühle der anderen Person – sei es Frustration, Wut oder Verletzung – die Spannungen bemerkenswert entschärfen. Sarah könnte zum Beispiel sagen: "Ich verstehe, dass du deswegen frustriert bist", was Alex' Gefühle anerkennt, ohne unbedingt mit seiner Sichtweise übereinzustimmen.

Aktives Zuhören ist ein Eckpfeiler einer effektiven Deeskalation. Es geht nicht nur darum, zuzuhören, sondern auch darum, den Standpunkt der anderen Person wirklich zu verstehen. Reflektierendes Zuhören – bei dem einer umschreibt und wiederholt, was der andere gesagt hat – zeigt Aufmerksamkeit und fördert eine tiefere Kommunikation. Dieser Ansatz fördert den Übergang vom Monolog zum Dialog und fördert gegenseitigen Respekt und Klarheit.

Über die Lösung von Konflikten im Moment hinaus kann die Beherrschung von Deeskalationstechniken Beziehungen, die von NPD-Merkmalen betroffen sind, grundlegend verändern. Durch die Förderung einer Atmosphäre des Verständnisses und des Respekts ebnen diese Techniken den Weg für einen gesünderen Umgang. Sarahs konsequenter Einsatz von Deeskalation minimiert nicht nur die Häufigkeit von Konflikten mit Alex, sondern fördert auch ein Gefühl des Vertrauens und der Empathie zwischen ihnen. Mit der Zeit beginnt Alex, Sarahs Bemühungen zu erkennen und zu schätzen, um Spannungen abzubauen, was zu einer harmonischeren Dynamik führt.

Die Vorteile gehen über individuelle Beziehungen hinaus und umfassen das allgemeine Wohlbefinden. Untersuchungen zeigen, dass chronischer Stress durch ungelöste Konflikte die körperliche und geistige Gesundheit beeinträchtigen kann. Durch die proaktive Deeskalation von Konflikten mildert der Einzelne die schädlichen Auswirkungen von Stress und fördert so eine bessere emotionale Widerstandsfähigkeit und die allgemeine Gesundheit.

Deeskalationstechniken sind transformative Werkzeuge für den Umgang mit Beziehungen, die von einer narzisstischen Persönlichkeitsstörung betroffen sind. Durch Strategien wie aktives Zuhören, die Verwendung von "Ich"-Aussagen und die Bestätigung von Emotionen können Individuen nicht nur Konflikte entschärfen, sondern auch ein tieferes Verständnis und eine tiefere Verbindung fördern. Indem sie Empathie und Kommunikation über Konfrontation stellen, schaffen sie ein Umfeld, in dem gegenseitiger Respekt gedeiht, was sowohl der Beziehungsdynamik als auch dem persönlichen Wohlbefinden zugute kommt.

Verhandlung und Kompromiss

Verhandlungen und Kompromisse spielen eine zentrale Rolle bei der Navigation in Beziehungen, die von narzisstischer Persönlichkeitsstörung (NPD) betroffen sind. Das Verständnis ihrer Bedeutung geht über die bloße Konfliktlösung hinaus; Es geht darum, einen gesünderen Umgang zu fördern und ein Gefühl von Ausgeglichenheit und Respekt zurückzugewinnen.

Im Kern geht es beim Verhandeln darum, inmitten unterschiedlicher Perspektiven eine gemeinsame Basis zu finden. Im Kontext von NPD, wo Konflikte oft aus dem Zusammenprall von Egos und starren Erwartungen entstehen, können effektive Verhandlungen transformativ sein. Es ermutigt den Einzelnen, seine Bedürfnisse und Bedenken selbstbewusst auszudrücken und gleichzeitig die Standpunkte der anderen Person anzuerkennen. In diesem Prozess geht es nicht darum, sich hinzugeben oder nachzugeben, sondern darum, Lösungen zu finden, die die Würde und das Wohlergehen jedes Einzelnen respektieren.

Kompromisse hingegen sind die Kunst, Vereinbarungen zu treffen, bei denen beide Parteien Zugeständnisse zum Wohle der Beziehungen machen. Im Umgang mit NPD kann dies bedeuten, das Bedürfnis loszulassen, immer Recht zu haben oder die Kontrolle zu haben, und stattdessen Flexibilität und Empathie anzunehmen. Es geht nicht um Schwäche, sondern um die Erkenntnis, dass Beziehungen auf gegenseitigem Respekt und Verständnis beruhen.

Gesunde Verhandlungs- und Kompromissstrategien beginnen mit aktivem Zuhören und Empathie. Es geht darum, wirklich zu hören, was die andere Person ausdrückt, jenseits der Verteidigungsmauern, die oft durch NPD-Merkmale errichtet werden. Reflektierendes Zuhören, bei dem Sie das Gehörte wiederholen, um Verständnis zu gewährleisten, kann potenzielle Konflikte entschärfen und einen offeneren Dialog fördern.

Eine weitere wichtige Strategie besteht darin, sich auf Interessen und nicht auf Positionen zu konzentrieren. NPD neigt dazu, positionelle Haltungen zu verstärken – auf meinem Weg oder auf der Autobahn –, was zu Pattsituationen führen kann. Indem die Parteien tiefer in die zugrunde liegenden Bedürfnisse und Wünsche eintauchen, können sie gemeinsame Ziele und mögliche Lösungen aufdecken, die beide Seiten bis zu einem gewissen Grad zufriedenstellen.

Klare Grenzen zu setzen ist entscheidend bei Verhandlungen über NPD-Merkmale. Es geht darum, abzugrenzen, was akzeptabel ist und was nicht, und sicherzustellen, dass Selbstachtung und persönliche Grenzen gewahrt bleiben. Diese Klarheit reduziert Missverständnisse und bietet einen Rahmen für konstruktive Interaktionen.

Bei Verhandlungen und Kompromissen geht es nicht nur um die Lösung unmittelbarer Konflikte; Sie ebnen den Weg für ein tieferes Beziehungswachstum und Wohlbefinden. Durch die Beteiligung an diesen Prozessen können Personen, die von NPD betroffen sind, nach und nach gesündere Kommunikationsmuster und Beziehungsdynamiken erlernen. Es verlagert den Fokus von ständigen Machtkämpfen auf kollaborative Problemlösungen und fördert ein harmonischeres Umfeld, in dem Vertrauen und gegenseitiger Respekt gedeihen können.

Ein klares Verständnis von Verhandlungen und Kompromissen zu haben, ist eine wesentliche Fähigkeit im Umgang mit Beziehungen, die von einer narzisstischen Persönlichkeitsstörung betroffen sind. Es geht darum, Raum für Verständnis, Empathie und Wachstum zu schaffen – sowohl individuell als auch zwischenmenschlich. Durch die Annahme dieser Prinzipien können Einzelpersonen die Komplexität der NPD mit größerer Widerstandsfähigkeit und Mitgefühl bewältigen und so den Weg für erfüllendere und nachhaltigere Beziehungen ebnen.

Teil 7

Grenzsetzung und -pflege

Das Verständnis gesunder Grenzen ist entscheidend, wenn man sich in Beziehungen zurechtfindet, insbesondere wenn es um narzisstische Persönlichkeitsstörungen geht. Gesunde Grenzen fungieren als unsichtbare Linien, die definieren, wo eine Person aufhört und eine andere beginnt, sowohl emotional als auch körperlich. Sie sind der Rahmen, der einen respektvollen und ausgewogenen Umgang unterstützt, unser Wohlbefinden schützt und gleichzeitig gesündere Beziehungen fördert.

Stellen Sie sich Grenzen wie die Leitplanken auf einer Autobahn vor. Sie leiten uns sicher auf unserer Reise und verhindern, dass wir in schädliches Terrain abdriften. Für Menschen, die mit narzisstischen Zügen zu kämpfen haben, werden Grenzen zu unverzichtbaren Werkzeugen für den Selbstschutz und die Aufrechterhaltung der geistigen Gesundheit. Sie ermöglichen es uns, zu definieren, was akzeptabel ist und was nicht, und klare Erwartungen an Verhalten und Interaktionen zu stellen.

Beispiele für gesunde Grenzen können sehr unterschiedlich sein, haben aber einen gemeinsamen Nenner von Respekt und Selbstfürsorge. Wenn Sie beispielsweise Grenzen setzen, wie viele persönliche Informationen Sie mit jemandem teilen, der dazu neigt, Schwachstellen auszunutzen, zeigt dies eine gesunde emotionale Grenze. In ähnlicher Weise ist das Festlegen von Zeitlimits für Interaktionen mit Personen, die Ihre Energie verbrauchen oder ständig Aufmerksamkeit verlangen, eine Form des Schutzes Ihres mentalen und emotionalen Raums.

In Beziehungen, die von narzisstischen Dynamiken geprägt sind, dienen diese Grenzen als Schutzschilde. Sie helfen dem Einzelnen, ein Gefühl der Autonomie und Selbstachtung zu bewahren und verhindern Manipulation und emotionalen Missbrauch. Indem Sie Ihre Bedürfnisse und Grenzen klar kommunizieren, befähigen Sie sich,

Beziehungen einzugehen, die für beide Seiten vorteilhaft und respektvoll sind.

Auch gesunde Grenzen tragen maßgeblich zum allgemeinen Wohlbefinden bei. Sie reduzieren Stress und Ängste, indem sie ein Gefühl der Vorhersehbarkeit und Kontrolle über die eigene Umgebung vermitteln. Wenn wir unsere Grenzen respektieren, legen wir Wert auf Selbstfürsorge und treffen Entscheidungen, die unsere emotionale, körperliche und geistige Gesundheit unterstützen. Dies wiederum stärkt unsere Resilienz und unsere Fähigkeit, mit herausfordernden Situationen umzugehen, einschließlich solcher, die narzisstisches Verhalten beinhalten.

Darüber hinaus verbessert die Förderung gesunder Grenzen die Beziehungen auf breiter Front. Es fördert ehrliche Kommunikation, gegenseitigen Respekt und Vertrauen, wesentliche Bestandteile für die Pflege sinnvoller Verbindungen. Durch das Setzen und Einhalten von Grenzen klären Individuen Erwartungen und reduzieren Missverständnisse und fördern gesündere und erfüllendere Beziehungen.

Im Wesentlichen ist das Verstehen und Umsetzen gesunder Grenzen eine transformative Reise. Es befähigt den Einzelnen, sein Leben in die Hand zu nehmen, Selbstachtung zu kultivieren und sein emotionales Wohlbefinden angesichts narzisstischer Herausforderungen zu schützen. Indem der Einzelne diese Grenzen annimmt, schützt er sich nicht nur selbst, sondern schafft auch ein Umfeld, das echter Verbundenheit, Wachstum und gegenseitigem Respekt förderlich ist.

Grenzen setzen und kommunizieren

Das Setzen und Kommunizieren gesunder Grenzen ist von entscheidender Bedeutung, insbesondere wenn es um eine narzisstische Persönlichkeitsstörung geht, sei es bei sich selbst oder bei anderen. Grenzen fungieren als Richtlinien, die akzeptables Verhalten definieren und Ihr emotionales und geistiges Wohlbefinden gewährleisten. Sie dienen als Schutzbarriere, die Ihre Werte, Bedürfnisse und Grenzen schützt. Hier untersuchen wir Strategien, um diese Grenzen effektiv zu etablieren und zu kommunizieren, gehen darauf ein, wie man in verschiedenen Kontexten wie Beziehungen, Arbeit und sozialen Medien Grenzen setzt, und diskutieren, wie das Setzen von Grenzen

Beziehungen verbessern und das allgemeine Wohlbefinden verbessern kann.

Um gesunde Grenzen zu setzen, braucht es zunächst einmal Selbsterkenntnis. Das Verständnis Ihrer Werte, Bedürfnisse und Grenzen ist der Eckpfeiler dieses Prozesses. Denke darüber nach, was dir unangenehm oder gestresst ist. Identifizieren Sie Situationen, in denen Sie sich überfordert oder ausgenutzt fühlen. Diese Selbstreflexion schafft Klarheit darüber, wo Grenzen gesetzt werden müssen. Sobald Sie ein klares Verständnis haben, kommunizieren Sie diese Grenzen selbstbewusst und respektvoll. Verwende "Ich"-Aussagen, um deine Gefühle und Bedürfnisse auszudrücken, ohne andere zu beschuldigen oder zu kritisieren. Sagen Sie zum Beispiel: "Ich fühle mich unwohl, wenn..." oder "Ich brauche Zeit für mich, wenn...".
Es ist wichtig, dass Sie Ihre Grenzen konsequent einhalten. Inkonsistenzen können zu Verwirrung und Grenzverletzungen führen. Wenn Sie eine Grenze setzen, halten Sie sich daran. Diese Konsistenz unterstreicht die Bedeutung der Grenze und zeigt, dass sie nicht verhandelbar ist. Seien Sie jedoch auf Gegenwind vorbereitet, insbesondere von Personen mit narzisstischen Neigungen. Sie können deine Grenzen austesten oder negativ reagieren.

Bleiben Sie standhaft und wiederholen Sie Ihre Grenzen ruhig und durchsetzungsfähig.

In persönlichen Beziehungen kann das Setzen von Grenzen eine Herausforderung, aber notwendig sein. Beginnen Sie damit, Ihre Bedürfnisse klar und direkt zu kommunizieren. Wenn Sie zum Beispiel Zeit für sich allein brauchen, um sich aufzuladen, lassen Sie Ihren Partner wissen, dass dies für Ihr Wohlbefinden unerlässlich ist. Wenn dich das ständige Ablassen eines Freundes erschöpft, drücke höflich dein Bedürfnis nach ausgewogeneren Gesprächen aus. In Beziehungen zu Narzissten sind Grenzen besonders wichtig. Narzissten fehlt es oft an Empathie und Anspruchsdenken, was sie anfällig für Grenzverletzungen macht. Seien Sie auf manipulative Taktiken wie Schuldgefühle oder Gaslighting vorbereitet. Bleiben Sie standhaft und wiederholen Sie Ihre Grenzen und betonen Sie, dass es um Ihr Wohlbefinden geht und nicht um einen Angriff auf sie.

Bei der Arbeit helfen Grenzen, berufliche Beziehungen zu pflegen und Burnout zu verhindern. Setzen Sie klare Erwartungen an Ihre Verfügbarkeit und Auslastung. Wenn Kollegen oder Vorgesetzte von Ihnen erwarten, dass Sie außerhalb der Geschäftszeiten erreichbar sind, teilen Sie uns Ihre Grenzen mit. Zum Beispiel: "Ich bin bis 18 Uhr für dringende Angelegenheiten erreichbar, aber danach brauche ich Zeit, um mich auf persönliche Verpflichtungen zu konzentrieren." Wenn ein Kollege häufig Arbeit auf Sie abwälzt, erklären Sie selbstbewusst Ihre Arbeitsbelastung und schlagen Sie eine faire Aufgabenverteilung vor. Es ist auch wichtig, Pausen einzulegen und der Selbstfürsorge während der Arbeitszeit Priorität einzuräumen. Dies steigert nicht nur die Produktivität, sondern ist auch ein Beispiel für andere, ihre eigenen Grenzen zu respektieren.

Im digitalen Zeitalter ist es ebenso wichtig, den sozialen Medien Grenzen zu setzen. Soziale Medien können die Grenzen zwischen privatem und öffentlichem Leben verwischen, was zu Stress und Ängsten führt. Entscheiden Sie, welche persönlichen Informationen Sie gerne weitergeben möchten, und halten Sie sich daran. Wenn Sie sich bei bestimmten Online-Interaktionen unwohl fühlen, zögern Sie nicht, Ihnen nicht mehr zu folgen, stumm zu schalten oder zu blockieren. Es ist wichtig, eine digitale Umgebung zu schaffen, die Ihr Wohlbefinden unterstützt. Legen Sie außerdem Zeitlimits für die Nutzung sozialer Medien fest, um zu verhindern, dass sie Ihr Offline-Leben beeinträchtigen. Richten Sie "No-Phone"-Zonen oder -Zeiten ein, z. B. während der Mahlzeiten oder vor dem

Schlafengehen, um gesündere Gewohnheiten zu fördern.

Das Setzen von Grenzen in verschiedenen Kontexten erfordert Flexibilität und Anpassungsfähigkeit. Jede Situation ist einzigartig und kann unterschiedliche Herangehensweisen erfordern. In Freundschaften können Grenzen zum Beispiel bedeuten, dass man über gegenseitige Erwartungen spricht und sich darauf einigt und den Raum und die Zeit des anderen respektiert. In der Familiendynamik geht es darum, Nähe und Unabhängigkeit in Einklang zu bringen. Möglicherweise müssen Sie Grenzen in Bezug auf Gesprächsthemen oder die Häufigkeit der Besuche festlegen. Es ist wichtig, diese Grenzen offen und respektvoll zu kommunizieren und sich auf Ihre Bedürfnisse zu konzentrieren, anstatt andere zu kritisieren.

Um Grenzen effektiv zu kommunizieren, braucht es eine klare und prägnante Sprache. Vermeiden Sie mehrdeutige Aussagen, die falsch interpretiert werden können. Seien Sie direkt, aber mitfühlend und drücken Sie Ihre Bedürfnisse aus, ohne andere anzugreifen oder zu beschuldigen. Anstatt zum Beispiel zu sagen: "Du hörst mir nie zu", versuche: "Ich fühle mich ungehört, wenn meine Meinung abgetan wird. Können wir daran arbeiten, einander besser zuzuhören?" Dieser Ansatz fördert Verständnis und Zusammenarbeit statt Abwehrhaltung.

Grenzen schützen nicht nur Ihr Wohlbefinden, sondern verbessern auch Beziehungen. Sie schaffen eine Grundlage des Respekts und des gegenseitigen Verständnisses. Wenn Grenzen respektiert werden, fördert dies Vertrauen und Sicherheit und lässt Beziehungen gedeihen. In romantischen Beziehungen zum Beispiel können klare Grenzen über persönlichen Raum und Zeit Missverständnisse verhindern und Konflikte reduzieren. Partner, die die Grenzen des anderen respektieren, fühlen sich eher wertgeschätzt und verstanden, was die emotionale Verbindung stärkt.

In Freundschaften beugen Grenzen Groll vor und sorgen für ein ausgewogenes Geben und Nehmen. Freunde, die deine Grenzen respektieren, werden dich wahrscheinlich unterstützen und rücksichtsvoll sein, was zu erfüllenderen und dauerhafteren Beziehungen führt. Grenzen helfen auch dabei, ungesunde Dynamiken zu erkennen. Wenn ein Freund deine Grenzen ständig missachtet, kann das ein Zeichen dafür sein, die Beziehung neu zu bewerten.

Bei der Arbeit fördern Grenzen ein gesundes und produktives Umfeld. Sie beugen Burnout vor, reduzieren Stress und tragen so zur allgemeinen Arbeitszufriedenheit bei. Wenn Mitarbeiter das Gefühl haben, dass ihre Grenzen respektiert werden, ist es wahrscheinlicher, dass sie engagiert und motiviert sind. Grenzen fördern auch Professionalität und Respekt, die für einen harmonischen Arbeitsplatz unerlässlich sind.

In den sozialen Medien schützen Grenzen die psychische Gesundheit und die Privatsphäre. Indem Sie kontrollieren, was Sie teilen und mit wem Sie interagieren, schaffen Sie einen sicheren Online-Raum, der Ihre Werte und Prioritäten widerspiegelt. Dies verringert das Risiko von Cybermobbing und Online-Belästigung und fördert ein positiveres digitales Erlebnis.

Das Setzen und Einhalten von Grenzen ist ein fortlaufender Prozess. Es erfordert regelmäßige Selbstreflexion und Anpassung. Wenn sich Ihre Bedürfnisse und Umstände ändern, müssen sich möglicherweise auch Ihre Grenzen weiterentwickeln. Seien Sie offen dafür, Grenzen bei Bedarf neu zu überdenken und neu zu verhandeln. Kommunizieren Sie diese Änderungen klar an die Betroffenen und stellen Sie sicher, dass sie die Gründe für die Anpassungen verstehen.

Es ist auch wichtig, während dieses Prozesses Selbstfürsorge und Selbstmitgefühl zu üben. Grenzen zu setzen kann emotional anstrengend sein, vor allem, wenn man mit Widerständen oder Gegenwehr zu kämpfen hat. Erkenne deine Gefühle an und gib dir selbst die Erlaubnis, dein Wohlbefinden in den Vordergrund zu stellen. Nehmen Sie an Aktivitäten teil, die Sie verjüngen, und suchen Sie bei Bedarf Unterstützung von vertrauenswürdigen Freunden, Familie oder Fachleuten.

Gesunde Grenzen zu setzen und zu kommunizieren ist eine wichtige Fähigkeit, um Beziehungen zu narzisstischen Menschen zu managen und Ihre emotionale und geistige Gesundheit zu schützen. Indem Sie Ihre Bedürfnisse verstehen, durchsetzungsfähig kommunizieren und konsequent sind, können Sie Grenzen setzen, die Respekt und gegenseitiges Verständnis fördern. Ob in persönlichen Beziehungen, bei der Arbeit oder in den sozialen Medien, Grenzen steigern Ihr Wohlbefinden und tragen zu einem erfüllenderen und ausgewogeneren Umgang miteinander bei. Denke daran, dass es bei Grenzen nicht darum geht, Menschen auszuschließen, sondern darum, einen sicheren Raum zu schaffen, in dem du gedeihen und wachsen kannst.

Grenzen zu Narzissten wahren

Die Grenzen zu Narzissten zu wahren, ist eine gewaltige Herausforderung. Narzissten neigen von Natur aus dazu, die Bedürfnisse und Gefühle anderer zugunsten ihrer eigenen Wünsche und ihres Selbstbildes zu missachten. Das macht die Aufgabe, Grenzen zu setzen und zu wahren, nicht nur entscheidend, sondern auch unglaublich schwierig. Die größte Herausforderung liegt in dem allgegenwärtigen Bedürfnis des Narzissten nach Kontrolle und Bestätigung. Sie betrachten Grenzen oft als Hindernisse für ihre eigene Befriedigung, was sie dazu bringt, die von anderen gesetzten Grenzen zu testen, zu überschreiten und manchmal ganz zu ignorieren. Dieses Verhalten kann dazu führen, dass sich die Menschen um sie herum frustriert, machtlos und sogar manipuliert fühlen.

Eine der größten Herausforderungen bei der Wahrung der Grenzen zu Narzissten ist ihre Neigung zur Manipulation. Narzissten sind geschickt darin, Charme, Schuld und sogar Einschüchterung zu nutzen, um zu bekommen, was sie wollen. Sie versprechen vielleicht, Grenzen zu respektieren, nur um dann zu ihren alten Gewohnheiten zurückzukehren, wenn sie ein Gefühl der Kontrolle wiedererlangt haben. Dies kann zu einem Kreislauf aus gebrochenen Versprechen und erneuten Versuchen, Grenzen durchzusetzen, führen, was für die Person, die versucht, sie aufrechtzuerhalten, emotional anstrengend ist. Darüber hinaus reagieren Narzissten oft negativ auf das Setzen von Grenzen. Sie können mit Wut, Schmollen oder passiv-aggressivem Verhalten reagieren, wodurch sich der Vollstrecker wie der Bösewicht fühlt. Diese Reaktion kann Einzelpersonen davon abhalten, ihre Grenzen einzuhalten, da sie Konflikte oder emotionale Gegenreaktionen befürchten.

Eine weitere Herausforderung ist der Mangel an Empathie des Narzissten. Empathie ist entscheidend, um die Grenzen anderer zu verstehen und zu respektieren. Narzissten haben jedoch oft Schwierigkeiten, sich in die Lage eines anderen zu versetzen, was es ihm schwer macht zu erkennen, warum eine Grenze wichtig ist. Sie könnten Grenzen als persönliche Angriffe oder als Beweis für Illoyalität betrachten, was die Bemühungen, gesunde Grenzen zu setzen, weiter erschwert. Darüber hinaus fügt die unberechenbare Natur von Narzissten eine weitere Schwierigkeitsebene hinzu. Ihre Stimmungen und Verhaltensweisen können dramatisch schwanken, was es schwierig macht, ihre Reaktionen vorherzusehen und sich entsprechend vorzubereiten. Diese Unvorhersehbarkeit kann dazu führen, dass sich der Einzelne ständig nervös fühlt und sich nicht sicher ist, wann seine Grenzen das nächste Mal auf die Probe gestellt werden.

Trotz dieser Herausforderungen ist es möglich, durch bewusste und konsequente Strategien gesunde Grenzen zu Narzissten aufrechtzuerhalten. Der erste Schritt besteht darin, Ihre Grenzen klar zu definieren. Das bedeutet, zu verstehen, welche Verhaltensweisen akzeptabel sind und welche nicht, und in der Lage zu sein, diese Grenzen selbstbewusst zu artikulieren. Es kann hilfreich sein, deine Grenzen aufzuschreiben und zu üben, sie selbstbewusst zu formulieren, ohne Aggression oder Entschuldigung. Sobald Ihre Grenzen definiert sind, ist es entscheidend, diese klar und konsistent zu kommunizieren. Verwenden Sie eine direkte Sprache und vermeiden Sie mehrdeutige Aussagen, die falsch interpretiert werden könnten. Anstatt zum Beispiel zu sagen: "Ich mag es nicht, wenn du so mit mir sprichst", sei konkret: "Ich möchte, dass du respektvoll mit mir sprichst, ohne deine Stimme zu erheben."

Die konsequente Durchsetzung von Grenzen ist vielleicht die herausforderndste, aber auch wichtigste Strategie. Narzissten werden deine Grenzen wahrscheinlich immer wieder austesten, aber es ist wichtig, standhaft zu bleiben. Das bedeutet, Konsequenzen zu ziehen, wenn Grenzen verletzt werden. Wenn du sagst, dass du ein Gespräch beenden wirst, wenn der Narzisst anfängt zu schreien, dann musst du bereit sein, wegzugehen, wenn es passiert. Konsistenz hilft dabei, zu bekräftigen, dass Ihre Grenzen nicht verhandelbar sind und dass Sie es ernst meinen, sie einzuhalten. Es ist auch wichtig, bei der Durchsetzung von Grenzen ruhig und gelassen zu bleiben. Narzissten versuchen vielleicht, eine emotionale Reaktion zu provozieren, um die Kontrolle wiederzuerlangen, aber mit ruhiger Durchsetzungskraft zu reagieren, kann helfen, die Situation zu entschärfen und deine Position zu halten.

Eine weitere effektive Strategie besteht darin, sich Unterstützung zu suchen. Mit einem Narzissten Grenzen zu halten, kann anstrengend sein, und es ist wichtig, ein Unterstützungssystem zu haben. Dazu gehören Freunde, Familienmitglieder oder ein Therapeut, der Anleitung, Ermutigung und einen sicheren Raum zum Ablassen bieten kann. Selbsthilfegruppen für Personen, die mit narzisstischen Beziehungen zu tun haben, können ebenfalls von unschätzbarem Wert sein, da sie gemeinsame Erfahrungen und praktische Ratschläge bieten. Darüber hinaus ist es wichtig, sich selbst zu pflegen. Der Umgang mit einem Narzissten kann sich auf dein geistiges und emotionales Wohlbefinden auswirken, daher ist es wichtig, Aktivitäten zu priorisieren, die deine Energie wieder auffüllen und Stress abbauen. Dazu gehören Sport, Meditation, Hobbys oder einfach nur Zeit zum Entspannen und Abschalten.

Sich über Narzissmus und das Setzen von Grenzen zu informieren, kann auch ermächtigend sein. Das Verständnis der Muster narzisstischen Verhaltens und der Psychologie dahinter kann Ihnen helfen, Herausforderungen zu antizipieren und effektive Strategien zu entwickeln, um sie zu bewältigen. Es stehen viele Ressourcen zur Verfügung, darunter Bücher, Artikel und Online-Foren, die wertvolle Einblicke und Tipps liefern können. Es ist auch hilfreich, sich daran zu erinnern, dass du das Recht hast, Grenzen zu setzen, und dass dies ein Akt der Selbstachtung und Selbstfürsorge ist. Narzissten versuchen vielleicht, dich schuldig oder egoistisch zu fühlen, weil du deine Bedürfnisse durchsetzt, aber es ist wichtig, sich daran zu erinnern, dass das Einhalten von Grenzen für dein Wohlbefinden unerlässlich ist.

Die Einhaltung von Grenzen zu Narzissten kann die Beziehungen und das allgemeine Wohlbefinden erheblich verbessern. Zum einen hilft es, ein Gefühl von Kontrolle und Autonomie zu etablieren. Wenn du Grenzen setzt und durchsetzt, holst du dir die Macht über dein eigenes Leben und deine Entscheidungen zurück. Dies kann unglaublich stärkend sein und helfen, den Gefühlen der Hilflosigkeit und Frustration entgegenzuwirken, die oft mit Beziehungen zu Narzissten einhergehen. Darüber hinaus können klare Grenzen die Kommunikation verbessern. Wenn beide Parteien die Grenzen des anderen verstehen und respektieren, sind die Interaktionen wahrscheinlich respektvoller und weniger konfliktbehaftet. Dies kann zu einer stabileren und vorhersehbareren Beziehungsdynamik führen, die weniger stressig und besser zu bewältigen sein kann.

Darüber hinaus kann das Einhalten von Grenzen Ihre geistige und emotionale Gesundheit schützen. Sich ständig mit den Forderungen und Manipulationen eines Narzissten auseinanderzusetzen, kann anstrengend und schädlich für dein Selbstwertgefühl sein. Indem du Grenzen setzt, schaffst du einen Puffer, der dich vor emotionalen Schäden schützt und dein Selbstwertgefühl bewahrt. Dies kann zu mehr Selbstvertrauen und einem stärkeren Selbstwertgefühl führen. Im Laufe der Zeit kann dies zu einer besseren allgemeinen psychischen

Gesundheit und einer positiveren Lebenseinstellung führen. Darüber hinaus kann das Einhalten von Grenzen das persönliche Wachstum fördern. Es erfordert Selbstbewusstsein, Durchsetzungsvermögen und Belastbarkeit - Fähigkeiten, die in allen Lebensbereichen wertvoll sind. Wenn du immer geschickter darin wirst, Grenzen zu setzen und aufrechtzuerhalten, wirst du vielleicht feststellen, dass du besser gerüstet bist, um mit anderen Herausforderungen und Beziehungen effektiver umzugehen.

Darüber hinaus kann das Setzen von Grenzen das Verhalten des Narzissten beeinflussen. Während du die grundlegende Persönlichkeit eines Narzissten nicht ändern kannst, können konsequent durchgesetzte Grenzen einige seiner schädlicheren Verhaltensweisen entmutigen. Wenn ein Narzisst merkt, dass seine üblichen Taktiken nicht mehr effektiv sind, kann er gezwungen sein, sein Verhalten zumindest bis zu einem gewissen Grad anzupassen. Dies kann zu einer weniger toxischen und besser kontrollierbaren Beziehungsdynamik führen. Schließlich kann die Aufrechterhaltung von Grenzen ein größeres Gefühl des Respekts fördern. Wenn du deine Bedürfnisse durchsetzt und für dich einstehst, signalisierst du, dass du dich und dein Wohlbefinden wertschätzt. Dies kann zu einem größeren Gefühl der Selbstachtung führen und auch anderen Respekt einflößen, einschließlich des Narzissten.

Die Grenzen zu Narzissten zu wahren, ist unbestreitbar eine Herausforderung, aber unerlässlich für dein Wohlbefinden und die Gesundheit deiner Beziehungen. Indem Sie Ihre Grenzen klar definieren, kommunizieren und konsequent durchsetzen, können Sie eine ausgewogenere und respektvollere Dynamik schaffen. Unterstützung zu suchen, Selbstfürsorge zu üben und sich über Narzissmus zu informieren, kann deine Fähigkeit, diese Grenzen aufrechtzuerhalten, weiter verbessern. Letztendlich wird sich die Mühe, die Sie in das Setzen und Aufrechterhalten von Grenzen investieren, in Form einer verbesserten geistigen und emotionalen Gesundheit, eines stärkeren Selbstwertgefühls und gesünderer, respektvollerer Beziehungen auszahlen. Auch wenn die Reise schwierig sein mag, sind die Belohnungen es wert.

Umgang mit Boundary Pushback

Wenn Sie Grenzen setzen, insbesondere bei Personen mit narzisstischer Persönlichkeitsstörung

(NPD), können Sie auf ein Phänomen stoßen, das als Boundary Pushback bekannt ist. Dies ist der Fall, wenn die Person, die deine Grenzen erhält, negativ reagiert und versucht, sie herauszufordern, zu ignorieren oder zu untergraben. Vor allem Narzissten können deine Grenzen als Bedrohung für ihre Kontrolle und ihr Selbstbild sehen. Sie können verschiedene Taktiken wie Schuldgefühle, Gaslighting oder aggressives Verhalten anwenden, um die Grenzen, die du gesetzt hast, abzubauen. Das Verständnis dieser Dynamik ist entscheidend für die Aufrechterhaltung Ihres Wohlbefindens und der Integrität Ihrer Beziehungen.

Der Umgang mit Boundary Pushback beginnt damit, diese zu erkennen und zu erwarten. Wenn Sie eine neue Grenze festlegen, sollten Sie auf Widerstände vorbereitet sein. Es ist nicht ungewöhnlich, dass Narzissten ihr Verhalten zunächst eskalieren, um die Kontrolle zurückzugewinnen. Wenn Sie dies im Voraus wissen, können Sie standhaft bleiben und Ihre Entscheidungen nicht in Frage stellen. Deine Entschlossenheit ist dein größter Verbündeter. Festigkeit in deiner Haltung vermittelt, dass deine Grenzen nicht verhandelbar sind, unabhängig von dem Widerstand, den du erhältst.

Eine wirksame Strategie, um mit Grenzüberschreitungen umzugehen, besteht darin, ruhig und gelassen zu bleiben. Narzissten leben von emotionalen Reaktionen, und wenn sie neutral bleiben, werden sie des Treibstoffs beraubt, den sie suchen. Verwenden Sie eine klare und prägnante Sprache, wenn Sie Ihre Grenzen verstärken und emotionale Argumente oder Rechtfertigungen vermeiden. Wenn du deine Grenze nach Bedarf wiederholst, ohne zu schwanken, stärkt das deine Position. Wenn zum Beispiel eine narzisstische Person versucht, dich dazu zu bringen, deine Pläne zu ändern, kann ein einfaches "Ich verstehe, dass du verärgert bist, aber ich muss meine Verpflichtung einhalten" sehr mächtig sein.

Eine weitere wichtige Strategie besteht darin, der Selbstfürsorge Vorrang einzuräumen. Der Umgang mit Grenzüberwindungen kann emotional anstrengend sein, daher ist es wichtig, auf sich selbst aufzupassen. Beteiligen Sie sich an Aktivitäten, die Sie verjüngen, sei es, Zeit mit unterstützenden Freunden zu verbringen, Hobbys nachzugehen oder Achtsamkeits- und Entspannungstechniken zu üben. Wenn Sie sicherstellen, dass Sie über ein starkes Unterstützungsnetzwerk verfügen, kann dies auch emotionale Verstärkung und Perspektive bieten. Das Gespräch mit einem Therapeuten oder der Beitritt zu einer Selbsthilfegruppe kann besonders vorteilhaft sein, da sie professionelle Anleitung und gemeinsame Erfahrungen bieten, die Ihre Bemühungen und Kämpfe bestätigen.

Wenn Sie angesichts von Rückschlägen Grenzen setzen, können Sie Ihre Beziehungen und Ihr allgemeines Wohlbefinden erheblich verbessern. Es fördert ein Gefühl der Selbstachtung und Autonomie, die für die psychische Gesundheit entscheidend sind. Wenn andere erkennen, dass deine Grenzen fest und konsequent sind, ist es wahrscheinlicher, dass sie sie mit der Zeit respektieren. Dieser Respekt kann zu gesünderen, ausgewogeneren Interaktionen führen, bei denen Ihre Bedürfnisse anerkannt werden. Im Kontext von Beziehungen mit Narzissten ist die Dynamik zwar nie perfekt, aber das Einhalten von Grenzen kann die Erosion Ihres Selbstwertgefühls verhindern und ein klareres Gefühl der persönlichen Handlungsfähigkeit vermitteln.

Letztendlich geht es beim Umgang mit Boundary Pushback um Beharrlichkeit und Selbstachtung. Es erfordert Geduld und Übung, aber die Vorteile gehen weit über die unmittelbaren Herausforderungen hinaus. Wenn du immer geschickter darin wirst, deine Grenzen zu wahren, wirst du wahrscheinlich eine positive Veränderung in der Art und Weise bemerken, wie du mit anderen umgehst und wie sie mit dir umgehen. Ihr Selbstvertrauen wird wachsen und mit ihm Ihre Fähigkeit, sich in komplexen zwischenmenschlichen Dynamiken zurechtzufinden. Indem Sie standhaft bleiben, schützen Sie sich nicht nur vor Manipulation und Kontrolle; Sie modellieren auch ein gesundes Beziehungsverhalten, das positive Veränderungen bei den Menschen um Sie herum bewirken kann.

Der Umgang mit Grenzübergriffen ist eine wesentliche Fähigkeit im Umgang mit Beziehungen zu narzisstischen Personen. Indem Sie das Konzept verstehen, effektive Strategien anwenden und die langfristigen Vorteile erkennen, können Sie gesündere und respektvollere Interaktionen schaffen. Dies verbessert nicht nur Ihre Beziehungen, sondern trägt auch erheblich zu Ihrem allgemeinen Wohlbefinden und Ihrer persönlichen Selbstbestimmung bei.

Schlussfolgerung

Beziehungen zu Menschen mit narzisstischer Persönlichkeitsstörung (NPD) zu führen, kann eine unglaubliche Herausforderung sein, aber Verständnis ist der erste Schritt, um diese Interaktionen zu bewältigen und zu verbessern. Dieses Buch bietet umfassende Einblicke in narzisstisches Verhalten und hilft Ihnen, die Eigenschaften und Merkmale von Narzissten zu erkennen, von den klassischen bis zu den bösartigen Typen. Wenn du das Bedürfnis des Narzissten nach Bestätigung verstehst und verstehst, wie es seine Interaktionen beeinflusst, insbesondere in der Eltern-Kind-Dynamik, erhältst du das Wissen, um dich in diesen komplexen Beziehungen zurechtzufinden.

Emotionale Intelligenz (EQ) und Selbstwahrnehmung sind entscheidend für den Umgang mit narzisstischen Beziehungen. Indem Sie ein tieferes Verständnis für Ihre eigenen Emotionen entwickeln, Ihr Einfühlungsvermögen stärken und Resilienz aufbauen, können Sie besser mit den emotionalen Turbulenzen umgehen, die oft mit diesen Beziehungen einhergehen. Das effektive Erkennen und Managen Ihrer Emotionen kann Sie auch vor Manipulationen schützen und Ihnen helfen, Ihre emotionale Gesundheit zu erhalten.

Grenzen zu setzen ist entscheidend im Umgang mit Narzissten. Dieses Buch zeigt Ihnen, wie Sie narzisstisches Verhalten in Beziehungen erkennen, Ihre Bedürfnisse selbstbewusst kommunizieren und mit Taktiken wie Gaslighting und Projektion umgehen können. Zu wissen, wann man aufhören muss, ist genauso wichtig wie gesunde Beziehungen zu pflegen, und dieses Buch bietet Strategien für beide Szenarien.

Heilung und Genesung von Traumata und Missbrauch, die durch narzisstische Beziehungen verursacht wurden, ist ein allmählicher Prozess, der Unterstützung und Selbstmitgefühl erfordert. Das Verständnis von Traumata, der Aufbau eines Unterstützungsnetzwerks und die Suche nach professioneller Hilfe sind wesentliche Schritte auf diesem Weg. Der Wiederaufbau von Selbstwertgefühl und Selbstvertrauen sowie das Üben von Vergebung sind entscheidend, um voranzukommen.

Persönliches Wachstum und Entwicklung sind kontinuierliche Prozesse, die die Kultivierung einer wachstumsorientierten Denkweise, den Aufbau emotionaler Widerstandsfähigkeit und die Verbesserung der Kommunikationsfähigkeiten beinhalten. Gesunde Grenzen zu setzen und diese aufrechtzuerhalten, ist eine fortlaufende Bemühung, besonders bei Narzissten, die diese Grenzen oft in Frage stellen. Dieses Buch bietet die Werkzeuge und Strategien, die Ihnen helfen, trotz der Herausforderungen zu wachsen und erfolgreich zu sein.

Effektive Kommunikation und Konfliktlösung sind der Schlüssel zum Umgang mit Narzissten. Das Erlernen von aktivem Zuhören, Deeskalationstechniken und Verhandlungsgeschick kann Ihnen helfen, Konflikte effektiver zu bewältigen. Diese Fähigkeiten verbessern nicht nur deine Interaktionen mit Narzissten, sondern auch deine allgemeinen Kommunikationsfähigkeiten.

Schließlich ist das Setzen und Aufrechterhalten von Grenzen ein Eckpfeiler gesunder Beziehungen. Es ist wichtig zu verstehen, wie gesunde Grenzen aussehen, wie man sie kommuniziert und wie man mit Rückschlägen umgeht. Dieses Buch befähigt Sie, fest an Ihren

Grenzen festzuhalten und fördert Respekt und gesündere Interaktionen.

Ermutigung zum weiteren Lernen und Wachsen

Das Erlernen narzisstischen Verhaltens und des Umgangs mit diesen Beziehungen ist ein wichtiger Schritt zur Verbesserung Ihres Lebens und Wohlbefindens. Denken Sie daran, diese Reise geht weiter. Jedes Kapitel dieses Buches bietet wertvolle Einblicke und praktische Strategien, aber die Arbeit hört hier nicht auf. Bilden Sie sich weiter, suchen Sie sich Unterstützung und üben Sie die Fähigkeiten, die Sie gelernt haben. Wachstum und Heilung sind lebenslange Prozesse, die Geduld, Ausdauer und Selbstmitgefühl erfordern. Indem du dich weiterhin für deine persönliche Entwicklung einsetzt, kannst du gesündere Beziehungen aufbauen und ein erfüllteres Leben führen.

Ressourcen für weiteres Lernen und Unterstützung

Für diejenigen, die ihr Verständnis vertiefen und zusätzliche Unterstützung finden möchten, sollten Sie die folgenden Ressourcen in Betracht ziehen:

- **Bücher:** "The Narcissist You Know" von Joseph Burgo, "Will I Ever Be Good Enough?" von Karyl McBride und "Disarming the Narcissist" von Wendy Behary bieten weitere Einblicke in narzisstisches Verhalten und Bewältigungsstrategien.

- **Online-Communities:** Foren wie r/raisedbynarcissists auf Reddit und Selbsthilfegruppen auf Plattformen wie Facebook können ein Gefühl der Gemeinschaft und gemeinsame Erfahrungen vermitteln.

- **Therapie und Beratung:** Die Suche nach Hilfe durch einen lizenzierten Therapeuten, insbesondere durch diejenigen, die sich auf narzisstischen Missbrauch und Trauma spezialisiert haben, kann unglaublich nützlich sein.

- **Websites und Blogs:** Websites wie PsychCentral, The Narcissistic Life und Blogs von Fachleuten wie Dr. Ramani Durvasula bieten wertvolle Informationen und Unterstützung.

- **Workshops und Seminare:** Viele Organisationen bieten Workshops und Seminare zu emotionaler Intelligenz, Grenzsetzung und persönlichem Wachstum an. Diese können praktische Fähigkeiten und Peer-Support vermitteln.

Bleiben Sie neugierig, bleiben Sie in Verbindung und priorisieren Sie Ihr Wohlbefinden. Der Weg zum Verständnis und Umgang mit narzisstischen Beziehungen ist eine Herausforderung, aber mit den richtigen Tools und Unterstützung kannst du ihn erfolgreich meistern.

www.ingramcontent.com/pod-product-compliance
Lightning Source LLC
Chambersburg PA
CBHW070840250726

48662CB00003B/1300